圖解
區塊鏈2
|通證經濟|

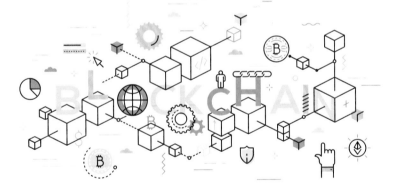

目錄

第 3 章　技術篇

歷史是螺旋形的，最終趨於向上

第 4 章　設計篇

通證是基於固有和內在的價值而產生

第 5 章　未來篇

科學的種子是為了人民的收穫而生長的

附錄　**側鏈與跨鏈研究報告**

OK 區塊鏈資本

推薦序

削減不信任

我拿到書稿之初,對書名略感困惑,及至展讀其內容,則隨作者行文的條分縷析而興味盎然,新知與聯想紛至沓來。

「通證」對應於英文的「token」,是人們高度關注區塊鏈以來,需重新認識並力求嚴謹定義的一個基本概念。「token」過去曾有多種譯法,較熟悉的有代幣、令牌、專用輔幣、象徵標誌等。在區塊鏈被視為資訊革命的尖端概念後,不少專家更贊成把這個「新技術革命」語境裡的詞彙譯作「通證」,意為「可通行的憑證」。作者對這個概念做了詮釋:通證是可流通的加密數位憑證,是區塊鏈網路的記帳方式,在網路上可自由流通且由密碼學加持。作者更指出,通證並不是貨幣(通貨),也不可能取代貨幣,「但是可以當成經濟價值體系中的輔助工具而存在」,並在論述中一步步向我們顯示了這個概念足可引導出一個經濟學的分支——通證經濟。這就很有意思了——細思、跟讀而感到通證經濟所包含的學問與機遇都非比尋常。

經濟活動是以交易來形成供需雙方互動中的實際對應,藉此滿足社會成員的最終消費。這個循環而繼起的永續過程,使人們「主觀努力而落實於客觀」地形成了資源配置,而研究資源配置的學問即稱為經濟學。循著這本書的章

節細讀，作者正是基於經濟學的「資源配置」嚴謹定義來討論「通證」。首先，於第 1 章交代了通證的定義；其次，在第 2 章扼要闡述了這種加密數位憑證作為技術手段在降低交易費用（與以尊重和保護產權的制度變遷創新互為表裡）、提高效率方面的功能，又結合「經濟生態」、「社會生態」和可升級的「文化藝術生態圈」，點明了其「社群自治」（點對點、去中心化）的特徵；接著以第 3 章解釋了從網際網路到區塊網的邏輯、區塊鏈的共識機制，再推進到第 4 章的主要討論，可歸結於如何設計一個以交換經濟為核心、交換媒介通證化、實現區塊鏈疊加的「合理的」通證經濟形態或系統。在這個「通證經濟」核心概念上，作者於最後的第 5 章概略討論了通證經濟與未來公司、政府、國家治理和生產關係的變革、總體經濟調控與供給側改革相結合的前景展望。

面對新經濟日新月異的發展浪潮，在為數眾多的人（包括我自己）還在努力弄懂區塊鏈這個先進概念、以求不要嚴重落伍的當下，作者為我們提供了一本非常及時、層次清楚、關於「通證」的讀物，它能夠深入淺出地把經濟學原理和相關技術知識打通。這正是專家學者為適應社會強烈現實需求所應做（卻不容易做好）的有益工作！

從經濟學資源配置的內在邏輯來說，其基本線索似乎可以扼要勾勒出：社會分工中的生產經營（由個體、公司承擔組織成本）形成產出→交換（其中需以訊息盡可能對等的信任機制來降低交易成本——市場主體在此方面更多的是順應市場競爭優勝劣汰約束條件反推；同時，現代社會的央行則依託政府公權來實現法定貨幣符號的可信任與普遍接受）→借助貨幣形式實行純收入與財富分配→最終實現消費。可知，從一個個社會成員的參與，到最終還是一個個社會成員的消費，全鏈條中如何以「人與人的關係和人與生產資料的

關係」的最佳化處理來「解放生產力」的關鍵，實為人們之間信任的取得與維護：所有的矛盾、衝突（從交易費用、財產安全成本、貿易衝突的調控、商業與金融欺詐的防範……一直到「經濟問題政治化」的戰爭）根源都在於人性的「不信任」，和很難在博弈中形成共贏的方案與結果。

然而，人類社會供給側創新引導出的新技術革命，會以「通證」盡量削減不信任，自然就等於以技術創新及其與制度創新、管理創新的呼應來改善生產關係，解放生產力，降低交易費用，促進經濟繁榮，增加社會總福利。這其實反映出人類社會供給側的創新從農業革命時代、工業革命時代演進到訊息革命時代的基本原理，也是進而爭取一步步消減「人的異化」，走向「自由人聯合體」的未來理想社會仍將遵循的基本原理。人與人「信任」的有效形成、有效供給，是人類社會共同體進步和增進福祉的根本問題，而「通證」在這根本問題最佳化的解決路徑上，可能提供的巨大貢獻已露端倪，自然值得我們高度重視、深刻理解、深入研究。

本書作者在這一新興概念關聯的新生事物領域，以「通證經濟」命名的條理化、系統化論述，順天應時，難能可貴。雖然書中的一些認識和表述在現在所代表的仍是初步的思想結晶和實踐認知、技術發展成果的階段性概略總結，但我完全相信，此書對於廣大讀者、社會大眾所能提供的通證概念「啟蒙」和「啟發」，及其今後必然導入的創新領域，將見仁見智的「百花齊放、百家爭鳴」，在供給側的改革創新中，將不可避免並應當積極鼓勵──本書當屬這個正在形成和發展的百花園中一枝新開的鮮亮花朵。

賈康
中國華夏新供給經濟學研究院首席經濟學家
中國財政部財政科學研究所原所長

序言

區塊鏈的道和通證經濟

初次接觸區塊鏈的人都會有一種感受，那就是這個行業的訊息爆炸程度太高了，遠高於之前的人工智慧、大數據等行業。往往是舊名詞還沒有消化完，新名詞、新技術又大量出現。區塊鏈又因其複合學科的屬性——一個新方案往往覆蓋多個學科，加之無論是密碼學相關的電腦技術，還是貨幣相關的金融知識又同時存在一定的門檻，所以被廣泛傳播的往往是各種科普文章，以及基於科普文章的二手科普文章。於是，漸漸出現一種分裂的現象：一方面，大量二手科普文章營造出一種區塊鏈什麼都能解決的錯覺；另一方面，區塊鏈除了加密貨幣外又沒有其他的落實應用，導致大家對區塊鏈技術本身產生質疑。因此，「區塊鏈無用」、「區塊鏈是騙局」等論調出現，完全否定區塊鏈的價值和意義。就連在業內的技術圈內部，有一部分的人也漸漸開始迷惘，對於區塊鏈的研究範圍產生了分歧，這些是在之前從未出現過的。

對大部分人來說，了解區塊鏈其實並不是為了成為區塊鏈從業人員。如同對待大數據和人工智慧一樣，人們其實並不關心區塊鏈的技術細節，只想知道這個技術會對自己的生活產生什麼影響。這其實就是自己對一個新事物的認知而已。

「道、法、術、器」的説法出自老子的「道德經」，後人又加入「勢」這一説法。道以明向，法以立本，術以立策，勢以立人，器以成事。這裡筆者借助先人的經驗，嘗試分析區塊鏈中的「道、法、術、器、勢」是什麼。

道是最上層、核心的東西，是客觀存在。無論你是否願意、是否知道，它都一直存在。道也是價值觀，即判定好壞、美醜、喜惡、真假的價值標準。我們對客觀的認知是不斷加強的過程，但事物的本質不會改變。額外多説一句，至今區塊鏈行業對於這一層級的討論很少，大部分討論集中於技術和資本方面，這是該行業發展前期浮躁的證據之一。如今行業進入冷靜期，很多浮躁的聲音漸漸消散，你能看到這篇文章已經非常難得。即便如此，筆者仍然認為道並不是能直接強加給一個人的東西，只能是每個人自身對其進行判斷和理解，所以筆者不會對區塊鏈下定義。如同一個從未見過大象的人去描繪什麼是大象一樣，有些東西只有你切身了解之後才能明白。

法是方法論，是方法和途徑。《周易‧繫辭下》中説：「天下同歸而殊途，一致而百慮。」所以，法是理解道的途徑。筆者認為，求道就是思考，不論是突然的靈感還是某個長久疑惑的答案，起初往往是模糊的，所以需要更進一步的證道。道是只能從自身產生的理念，但法不是，法是可以分享給別人的，因為法不是唯一的，而是殊途同歸的。法更是可以用來互相交流的，了解別人的法能促進自身對道的理解，讓你更容易去證自己的道。

術是方式與技巧，是策略，這裡可以理解為具體的方案，如 PoW（工作量證明）演算法、分片技術、二層擴容等具體的電腦技術，以及基於去中心化交易所等各種區塊鏈方案的設計。這些是目前大家最常討論的東西，所以不再花篇幅詳述。

器則是工具，是實現術的工具。區塊鏈的工具其實就是電腦學家和金融學家的工具，如程式語言、經濟學原理等。同樣的產品或者方案我們可以用不同的電腦語言去實現，所以筆者認為非相關技術從業者無須將主要精力集中在術和器上。

筆者認為，勢是一種趨勢或一股不可抗的力量，或者說是時間和空間的運動方向。其實老子的「無為」思想意指順勢，而當今的社會主流價值觀恰恰相反，往往更喜歡破局，即主動出擊，引領趨勢、創造機會。所以，我們如今討論區塊鏈做了什麼，還能做什麼等話題也是對勢的一種引導。

筆者撰寫本書的序言，正是希望大家對區塊鏈能有一個宏觀的理解，然後再引出通證經濟在其中的定位。

如前所述，道不是外人強加給你的理念，而是你自己對其產生的判斷。所以，我不會採用「區塊鏈的道是什麼」這種方式去描述，而是嘗試從區塊鏈的歷史淵源和區塊鏈的研究目標兩個層面儘量客觀地去描述，讓大家得出自己的結論。

「密碼龐克郵件名單」和「密碼龐克宣言」

2008 年 11 月 1 日，秘密討論群組「密碼龐克郵件名單」裡出現了一個新貼文：「我正在開發一種新的電子貨幣系統，完全採用點對點的形式，而且不需要第三方信託機構。」該貼文的署名就是中本聰。從此，比特幣嶄露頭角。

這個秘密討論群組是什麼組織？「密碼龐克」（Cypherpunk）又是什麼？

蒂莫西・梅是美國的一位科技和政治作家，早年是英特爾公司的電子工程師和資深科學家。上面所說的秘密討論群組「密碼龐克郵件名單」，則是 1992 年蒂莫西・梅在加州的家裡和埃里克・休斯、約翰・吉爾摩一同發起的一個匿名郵件列表組織。

「密碼龐克郵件名單」這個秘密討論群組在 1994 年已有 700 名成員。得益於其匿名的性質和群組成員的學術修養，它成為一個非常活躍的論壇，討論的內容涉及數學、密碼學、電腦科學、政治、哲學、個人論證和攻擊等各個方面。約翰・吉爾摩在一封電子郵件中提到，1996 年 12 月 1 日～1999 年 3 月 1 日這段時間，討論群組每天平均有 30 封電子郵件。1997 年，該組織的成員數量估計已達 2,000 名。

在建立「密碼龐克郵件名單」後的 1993 年，埃里克・休斯發布「密碼龐克宣言」，並在文中正式定義「密碼龐克」。該組織宣揚虛擬領域內的個體精神，提倡推廣公鑰密碼學，並透過該技術更良好地保護個人的隱私及財產。密碼龐克為密碼學的推廣做出了非常大的貢獻，但是他們過於宣揚個體，反對任何政府監管隱私及財產，願意承擔罪犯和恐怖分子也使用該類技術的風險，所以與主流價值觀相比相對小眾。

> 密碼龐克致力於建立匿名系統……在電子時代，隱私是開放社會不可或缺的……我們不能期望政府、企業或其他大型匿名組織保障我們的隱私……如果想擁有隱私，那麼我們必須親自捍衛之。我們使用密碼學、匿名郵件轉發系統、數位簽章和電子貨幣來保障我們的隱私。(《密碼龐克宣言》)

不過，該組織的成員卻有很多都是人類中的佼佼者。該組織幾乎囊括了當代所有密碼學、加密貨幣和網際網路技術的重要人物，例如喬姆盲簽名的發明人戴維・喬姆、電子加密貨幣系統 B 幣（B-money）的發明人戴維、RPoW（隨機工作量證明）演算法的發明人哈爾・芬尼、雜湊現金的發明人亞當・巴克、智慧合約及位元金的發明人尼克・薩博，以及「Web 之父」蒂莫西・約翰・伯納斯－李。

因此，筆者認為，比特幣在這個組織裡誕生並不是巧合。當時所有比特幣所使用的技術都已經成熟，只是偶然出現了這樣一個人（或組織），他（或它）匯聚了所有前人的經驗，以完全匿名的形式推出比特幣。比特幣並不是無根之木、無源之水，而是人類無數團體中的一個小團體，花了十幾年的時間不停碰撞思想的結果。它的出現是混合了歷史的必然性和偶然性。

2010 年 11 月 28 日，朱利安・亞桑傑創立的「維基解密」公開了大量美國國務院與美國駐外大使館之間聯繫的機密電報，據統計有 251,287 份之多。此次事件影響甚大，導致了「阿拉伯之春」事件、占領華爾街運動和延續至今的土耳其、烏克蘭、泰國等反對政商合一統治的占領運動爆發。

事後，維基解密理所應當然地遭到來自政府的金融封鎖，包括 VISA、萬事達、第三方支付工具 PayPal、美國銀行在內的支付公司和銀行都停止處理對該網站的捐贈。阿桑奇表示，維基解密到了生死存亡的時刻，有數千萬歐元資金將因此被鎖住。

2010 年 12 月 5 日，快兩歲的比特幣社群呼籲維基解密接受比特幣捐款以打破金融封鎖（阿桑奇本人也一直是比特幣的熱衷者）。一向低調的中本聰

難得站出來評論此事，並表示堅決反對。他認為比特幣還非常脆弱，不應該捲入如此危險的旋渦之中。中本聰在 2010 年寫道：

> 不，別把它放在維基解密上！這個項目需要慢慢發展，這樣軟體才能一路保持強勁。我在此呼籲維基解密不要使用比特幣！比特幣還只是一個處於嬰兒時期的小規模社群實驗。你用它頂多就是個小額支付，你們帶來的熱度可能會在這個階段毀了我們。

不過，在第一次世界貨幣熱之後，2011 年 6 月 15 日，維基解密在推特上宣布，它將開始接受以比特幣形式提供的匿名捐贈。2017 年 10 月 15 日，阿桑奇又發了一則推特，說他的公司自 2010 年開始投資比特幣，6 年間賺取了高達 500 倍的回報，而這一切要感謝美國政府。

大家都知道比爾·蓋茲第一次訪華是在 1994 年，不過鮮有人知道那次其實有一位華人陪同，這個人就是戴習為。戴習為 1947 年出生於湖北武漢，1981 年移居美國。經過多年打拚，他憑藉自身在人工智慧模式識別上的研究成果，成立的公司在 1991 年被微軟收購，他成為蓋茲身邊的人才。1994 年時他已經成為微軟技術級別最高的華人之一，他還陪同蓋茲訪華，並於 1997 年從微軟公司主動退休。戴習為曾在 2003 年著有自傳性質的《過河卒》一書，生動地描述了那段有著鮮明時代烙印的生活，以及他是如何在中西文化的衝突下，取得這樣令人稱羨的成就。

對比特幣影響最大的項目 B 幣則出自戴習為之子戴維之手。

1985 年，9 歲的戴維被父親接到美國。得益於父親創造的良好生活條件，戴維從小就展現出過人的天賦。初二暑假時，在其他美國學生選擇幫社區送

報紙、擦車等打工項目時，戴維到母親工作的石油軟體公司，獨自完成了連成年程式設計師也要很吃力才能完成的 C 語言開發任務。高一時，他就拿著老師的推薦信，提前到哈佛大學電腦系選修課程（後來轉學至華盛頓州立大學）。大一時，戴維注意到了密碼龐克組織，後來利用課餘時間建立了大名鼎鼎的開源函式庫 Crypto++，並一直維護至今。

Crypto++ 是一個非常強大的密碼學函式庫，提供豐富的加密、解密演算法，包括密碼、訊息認證碼、雜湊函數、公鑰密碼體制、金鑰協商方案和無損資料壓縮演算法 DEFLATE。密碼學所需的主要功能基本上都可以在裡面找到，功能健全且統一性良好，在密碼學界很受歡迎（更詳細的資料可以從戴維的個人首頁 http://www.weidai.com/ 上取得）。

中學起，他就經常利用暑假在微軟密碼學小組實習。到大學畢業時，他已經發表一系列論文，擁有多項專利，但是他拒絕了微軟研究院的再三邀請，放棄了讀博士的機會，選擇自己所喜歡的方向創業去了。

> 與自己的個人電腦一起長大，這些人從小沒有為吃穿發過愁。在他們眼中，名譽或者地位有一點也不壞，至於更多，那就是別人的事情了。這些人經常將他們的得意之作直接放到網路上，徹底開放，供人自由使用。在物質相對充裕的社會，對一個高智商的群體來說，「吃飯」本不是問題，勞動是為了實現自我，為了享受，一種真正的享受。

以上摘自戴習為在《過河卒》中對戴維和密碼龐克的描述。

「蒂莫西‧梅的加密學無政府主義令我十分著迷，」戴維在 1998 年寫道，「和其他傳統意義上的『無政府主義』相關組織不同，在加密學無政府主義中，政府並不是被暫時摧毀，而是被永遠禁止，即永遠也不需要政府。在這個社群中，暴力沒有用，而且根本就不存在暴力，因為這個社群的成員並不知道彼此的真名或者真實住址。」

1998 年 11 月，在密碼龐克郵件名單中，22 歲的戴維發布了 B 幣的白皮書，「數位加密貨幣」這個概念由此而生。10 年後，B 幣成了比特幣白皮書中的第一個引用來源。

> 高效的合作需要有一個交換（金錢）的平台以及確保契約執行的方法，……本文提出的這項協議提供了交易的平台以及確保契約執行的方法，使得不可追蹤的匿名參與者能夠更有效率地與彼此合作。……我希望這項協議能夠進一步推動加密學無政府主義在理論上和時間上向前邁進。

B 幣首次引進了 PoW 機制、分散式帳本、簽名技術、P2P（點對點）廣播等技術，以及用去中心化共識去創造加密貨幣的思想，但是並未提出實現去中心化共識的具體技術方法。

其實，現在看來，比特幣並未完全表現出 1998 年 B 幣的設計。其一，針對貨幣發行，B 幣的發行量是基於運算能力自動計算的，但是比特幣採用了通貨緊縮的固定發行總量模型。B 幣類似金本位制下的金礦信用，原則上不會造成通貨緊縮或通貨膨脹，而比特幣則不是。其二，針對去中心化共識，B 幣考慮到全網廣播和認證的效率較低，提出可以透過隨機抽取某些參與者的

方式驗證交易和合約執行。這個想法目前也成為提升區塊鏈擴充性的主流思路之一。

但是，戴維在提出 B 幣之後並沒有試圖解決這些問題。「我沒有繼續研究這些問題是因為在寫完 B 幣的提案之後，我對加密學無政府主義已經感到有些幻滅了。」戴維後來在科技論壇 LessWrong 上解釋道。他又說道：「我沒有想到這樣一個系統投入實踐之後，會吸引如此多的關注，並且會被這麼多人使用，而不僅僅是加密龐克那群加密學的『鐵粉』。」

柯克霍夫原則與開源文化

大家都知道可口可樂，據說可口可樂的神秘配方已保密長達 120 年之久。這款風靡全球的飲料配方為何沒有洩密？他們是怎麼做到的？可口可樂提出了官方說法：「目前配方被儲存在亞特蘭大一家銀行的保險箱內，保險箱的鑰匙由三個人保管。這三個人不能同時乘坐同一架飛機。為避免出現意外，他們同時與公司簽訂了保密協議。」這當然是個成功的市場行銷案例。

資料顯示，在 1979 年，可口可樂就與中國糧油集團簽訂契約，獲准向中國出售第一批瓶裝可口可樂。不久之後，報上就刊登了這個可口可樂神秘配方的故事報導，尤其強調了保護配方的各種誇張手段。如同我們現在的熱搜一樣，這個故事被廣為流傳，大家也都爭相去品嘗那神秘配方製造出來的味道。口耳相傳，可口可樂成為了隨處可見的消費品，變成最早占領中國市場的國外品牌之一。這就是可口可樂導演這個故事的原因。人們對可口可樂的忠誠不是因其口味，而是因其口味背後那個故事帶給人的神秘感。

不過，你知道這個世界上還有一種開放可樂嗎？

開放可樂是一個十分特殊的可樂品牌，其特殊之處在於可以自由取得其製作配方，並且允許任何人任意修改。任何人都可以調配這種飲料，而且可以隨意改進其配方，因為這個配方是基於「GNU 計劃」通用公共許可協議允許的。

「GNU 計劃」通用公共許可協議是一個被廣泛使用的自由軟體許可協議，最初由理查．斯托曼為「GNU 計劃」而撰寫。此許可協議的最新版本為第三版，於 2007 年 6 月 29 日發布。「GNU 計劃」通用公共許可協議是改自通用公共許可協議的另一個版本，它應用於一些軟體函式庫。

雖然開放可樂的故事最初也是當成宣傳工具，用於推廣及宣揚自由軟體與開源軟體，但是開放可樂仍有自己的市場，並且在全球已經賣出超過 15 萬罐之多。這家公司位於多倫多，當初因推出這款飲料而聲名大噪。其實該公司原本的想法是藉此故事推廣自己的軟體，不過軟體反而無人關注。該公司的人員分析，開放可樂的成功主要來自於大家對寡頭公司日漸產生信任危機，這是人們對私有智財產品（秘方）的自然反應。

從上述開放可樂的故事，筆者想引出一個密碼學中的原則：柯克霍夫原則。

柯克霍夫原則由奧古斯特．柯克霍夫在 19 世紀提出：即使密碼系統的所有細節已經為人知悉，只要密鑰（又稱金鑰）未遭洩露，它也應是安全的。

資訊理論的發明者克勞德．夏農後來將其總結為「敵人了解系統」，這一說法也被稱為「夏農箴言」，即它和傳統意義上使用隱秘的設計等來提供加密的隱晦式安全想法在本質上是相反的。

後來，埃里克‧雷蒙將其引申到開放原始碼軟體，聲稱一套未假定敵人可取得原始碼的訊息安全軟體是不可靠的，即「永無可信的封閉原始碼」。換句話說，開放原始碼反而比封閉原始碼更安全。這一觀點被稱為透明式安全。

上述這些人所描述的是這樣一件事情：我有一個設計精巧的魔術機關盒子，和直覺相反的是，保證這個魔術盒子隱蔽性的方式並不是把盒子的設計細節藏起來，如可口可樂公司做的那樣，而是公開所有設計細節，接受所有人的挑戰和檢驗。如果經過一段時間，沒有人能成功找到這個盒子的缺陷，那麼我們是不是就可以認為這個盒子是安全的？

實際上，民間使用的大部分密碼演算法正是這種公開的演算法，而比特幣——我們所見到的第一個區塊鏈應用，也採用了開源的模式向公眾證明自己並非有所隱瞞。所以，我們說比特幣並不是基於信任（相反地，它是基於不信任）而創造的系統。在一個危險且未知的網路環境中，我能相信的只有我自己——無論是程式碼還是演算法、資料。所以，我們看到比特幣社群對於核心協議的修改是不會在以下事情上有所妥協的：系統主流節點必須是全量帳本（只相信自己的資料，與之相對的是以太坊提出的弱主觀性），程式碼必須開源等。

金本位制與法定貨幣

比特幣的白皮書發布在 P2P 基金會的網站上，註冊 P2P 基金會帳號必須提供出生日期，中本聰填寫的是 1975 年 4 月 5 日。這是中本聰在網路上留下有關個人隱私訊息的唯一細節。當然，其實大部分的人都不相信。不過 4 月 5 日這一天的確是貨幣史上具有重要意義的一天。1933 年 4 月 5 日，時任美國總統羅斯福簽署了第 6102 號法令。

禁止個人囤積價值超過 100 美元的黃金。團體、企業和其餘機構必須到聯邦儲備銀行或美國聯邦儲備委員會的會員銀行，依照每盎司黃金 20.67 美元的價格交出手中的黃金。任何被發現違反規定的人將面臨最長 10 年的監禁和高達 1 萬美元的罰金。

1933 年正值美國歷史上大蕭條的高峰期，美國政府沒收、充公美國人的黃金，並以美元交換。這導致美元大幅貶值，黃金價格高漲，其目的是讓美國的債務貶值，進而對抗大蕭條，但造成的後果是美國人的財富被大量洗劫。有許多人認為這是美國政府最違背憲法的行為之一，也是政府對民眾最直接的一種「盜竊」行為，且未經民主程序。那麼，在 1975 年又發生了什麼事呢？ 1975 年，福特總統簽署「黃金合法化法案」，美國人可以再次合法持有黃金。

讓我們將目光從 1975 年轉移到 2008 年全球金融危機上，這是一場從 2007 年 8 月 9 日開始浮現的金融危機。自次級房屋抵押貸款危機爆發後，投資者開始對房屋抵押貸款證券的價值失去信心，引發流動性危機。直到 2008 年 9 月，這場金融危機開始失控，並導致多家大型金融機構倒閉或被政府接管，引發經濟衰退。

英國政府撥出 500 億英鎊，採取直接挹注資金而非購買不良資產的方式救助金融機構。這種模式隨後被其他工業化國家爭相效仿。

2009 年 1 月 3 日，中本聰發布了開源的第一版比特幣用戶端，宣告了比特幣的誕生。他同時透過「挖礦」得到了 50 枚比特幣，產生第一批比特幣的區塊就叫「創世區塊」（Genesis block）。在全球金融危機時期，中本聰將

他的懷疑和憤怒集中在銀行機構上，但與用生日密碼挖苦美國政府一樣，他不動聲色地嘲笑了英國時任財政大臣達林一把。他在創世區塊裡寫道：「英國財政大臣達林被迫考慮第二次出手紓解銀行危機。」這正是當天《泰晤士報》的頭版新聞標題。

分享了一些歷史之後，我試圖從側面總結目前區塊鏈行業所面臨的問題。這些問題的焦點是我們技術工作者致力於解決的問題，也是一個具體的區塊鏈系統的核心設計思想，或者説設計哲學。我將其分為四個層面：系統的使用者、系統的安全性與活性、系統的成本、系統的安全。

其中，系統的使用者是指系統是由什麼樣的使用者群組成的。使用者是否對匿名安全有需求：身份需要匿名，還是交易也需要匿名，甚至智慧合約呼叫也需要匿名？還有使用者的程度劃分：全都是個人的系統還是既有個人的系統也有團體的系統？系統中是否需要委託機制，例如代理投票等功能？每個系統所面臨的都是不同的需求，因此由其所衍生的解決方案固然不一樣。

系統的安全性與活性通常不可兼得。在分散式系統領域中，這方面的研究已經有非常多的討論，可以用兩個行動應用來解釋：網路銀行轉帳和 LINE。如我們在使用網路銀行轉帳的時候，我們可以忍受一筆交易在網路條件不好的時候花費很多時間支付甚至失敗，但是不能允許錢被扣了對方卻沒有收到，這就是對安全性的高要求。使用 LINE 的時候則不一樣，在我們發送一則訊息給朋友的時候，我們對於這個訊息是否已經被對方接收並沒有強需求，反而是要求應用程式馬上對發送這個動作有回饋就行，如果對方沒收到訊息我們就再發送一則，大部分時候我們也是這麼做的。因此，我們對其活

性的要求更高。對一個具體的技術方案來説，實際上大部分的時候它都在不同的分支下平衡這兩者的關係。

系統的成本分為開發成本與維運成本。使用已經存在的技術可以大大降低系統的開發成本，但是不一定符合自身業務的需求，因此才會出現各式各樣的公有鏈、聯盟鏈等。區塊鏈儲存層的特別設計也帶來了高維運成本的問題，尤其是在效能進一步提升之後。不過這也是區塊鏈不可篡改的核心技術之一，所以很多時候人們基於對成本的考慮，對於一些功能也許會有所刪改——永遠不可篡改降低為一定時間內不可篡改也是可以接受的。

系統的安全分為系統安全和合規安全。這一層級的考慮實際上與其他金融科技技術並無區別，一方面透過技術手段保證系統級別的安全，另一方面在業務架構設計上要符合系統營運所在地的法律合規安全。

最後要説明的是區塊鏈的法。基於筆者自身的經驗，將區塊鏈的研究分為四個方向的基礎技術：分散式帳本設計、權限角色設計、激勵機制與應用設計。基於這四個方向又衍生出兩個主流學派：加密經濟學和通證經濟學。

分散式帳本設計屬於分散式資料庫技術，是一種在網路成員之間共享、複製和同步的資料庫。分散式帳本記錄網路參與者之間的交易，例如資產或資料的交換。分散式資料庫的基本特點包括物理分散性、邏輯整體性和站點自治性。從這三個基本特點還可以匯出其他特點：資料分布透明性、按既定協議達成共識的機制、適當的資料冗餘度和事務管理的分散性。區塊鏈中的分散式帳本設計主要用於解決分散式的一致性問題。

權限角色設計則專注於線上線下的參與者角色及其權限劃分，以及基於角色流轉的流程設計。一個系統往往是由多種參與者角色（例如生產者、供應商、合作伙伴、開發者、系統維護者等項目關係人）組成的，這些項目關係人擁有、控制並行使他們在系統內的權力。區塊鏈的權限角色設計與生態和業務有著非常緊密的關係。

激勵機制專注於激勵機制的設計，透過激勵／懲罰手段，提高作惡成本，降低安全假設門檻。實際上這一點也是爭議最大的一點，有一部分的人過於誇大地宣傳這一點，甚至上升到了政治高度。從技術角度來看，它只是帶來了一種新降低安全門檻的理性假設而已。透過引入理性假設，可以使分散式一致性問題應用到更多的場景中，如同 1999 年，米格爾・卡斯楚與芭芭拉・利斯科夫提出了 PBFT（實用拜占庭容錯）演算法一樣，使我們可以在放鬆對活性要求的情況下解決此類問題，為此利斯科夫獲得了圖靈獎，區塊鏈中的理性假設也是一種新的思路。

應用設計則專注於具體應用的設計，如已經比較成熟的通證拍賣應用，以及預測市場、域名交易、去中心化交易所等各種溯源類的聯盟鏈應用。

加密經濟學由分散式帳本和激勵機制組成。該學派主要由有電腦背景的人提出和推動，研究方向包括共識演算法、狀態通道、公平抽籤等偏技術問題，同時也在研究最初的一批應用，算得上應用設計的啟蒙。更詳細的部分這裡不展開敘述。

到這裡我們才提到這本書的主角：通證經濟。其實在收到撰寫序言的邀請之後，我就一直在思考要怎樣去闡述這樣一個本身比較新且在快速發展的學科。最終，我選擇了這樣一種從宏觀到微觀、從價值觀到方法論的方式。

通證經濟分為系統及應用兩個分支。系統分支主要由權限角色設計與激勵機制組成。應用分支主要研究應用設計。該學派主要由有金融背景的人提出和推動。系統分支的研究方向包括生態通證模型設計，應用分支則專注於對傳統金融模式的改革，如推動數位身份標準、實體經濟數位化、央行電子貨幣等區塊鏈應用研究。

提到區塊鏈中的經濟學，就不得不提制度經濟學這一流派。制度經濟學的起源可追溯到 19 世紀 40 年代，以 F. 李斯特為先驅的德國歷史學派。歷史學派反對英國古典學派運用抽象、演繹的自然主義方法，而主張運用具體實證的歷史主義方法，強調從歷史實際情況出發，突顯經濟生活中的國民性和歷史發展階段的特徵。19 世紀末、20 世紀初，在美國以 T. 凡勃倫、J. R. 康芒斯、W. C. 米切爾等為代表，形成了制度經濟學派別。其中制度指的是人際交往中的規則及社會組織的結構和機制。制度經濟學是把制度作為研究物件的一門經濟學分支。它研究制度對經濟行為和經濟發展的影響，以及經濟發展如何影響制度的演變。

在區塊鏈系統中，理性假設的前提需要依賴其激勵機制的設計，其激勵機制的設計又牽涉權限角色所構成的生態，而這個生態的設計其實就是一個小型的制度設計。所以，此類學派並不關心密碼學或者分散式一致性等電腦學科的問題。

許乾
OK 區塊鏈工程院共識演算法專家

第
1
章

概念篇

從量變到質變，區塊鏈發展最終篇

比特幣或者說區塊鏈誕生之初，只是少數人的玩具，僅在一部分龐克社群和技客之間被討論。經過時間的累積和認知的普及，區塊鏈領域的累積沉澱日漸深厚，具備了從量變到質變的力量。

從點對點交易到智慧合約再到泛區塊鏈應用的生態模型，區塊鏈以漸進方式不斷發展，這同時也是區塊鏈持續開發與完善的演進過程。那麼，我們不禁會發問，區塊鏈之後是什麼呢？會是通證經濟嗎？

這一章，我們除了簡單地介紹通證的概念起源、定義、三元素等，還針對一些時下熱議的話題，以多層次的角度進行辯證思考。例如，通證和區塊鏈有什麼區別？通證能取代貨幣嗎？通證在現行經濟體中充當什麼樣的角色？

通證的概念起源及其簡單的定義

在解答這些問題之前，我們有必要先了解一下通證。通證的發展大致經歷了三個階段：在網際網路時代，通證最初是指登入驗證的令牌；後來到以太坊

ERC20（一種代幣開發標準）出現後，通證發展為可以在交易所直接交易的資產；如今，當「通證」由「token」翻譯而來並被廣泛接受和使用時，第三階段到來了，通證的內涵也進一步擴大化。

目前，通證的定義是「可流通的憑證」或「可流通的加密數位憑證」。我們可以看到，在區塊鏈發展的初級階段，通證還未真正進入大眾視野，人們對於通證的了解也相對片面。在那段時期，人們對於通證的普遍認知總是與代幣相關聯。到了區塊鏈蓬勃發展的今天，通證終於擁有了更符合其特性的定義。人們開始將可流通的憑證拆開來看待，首先是可流通，其次才是憑證。

首先，我們來聊一聊可流通。說到可流通，大家的第一反應可能就是貨幣了，貨幣在某種程度上可以說是最廣泛的流通手段。相比貨幣，通證又有哪些獨到之處呢？通證自然不是貨幣，但是在通證經濟的生態中，它既是價值傳遞、價格發現的介質，又能作為對照現實的價值體系。對於通證與貨幣的關係，我們也將在後文中進行進一步的探討。

其次，我們來聊一聊憑證。憑證可以理解為權益，它是一種證明手段，更是一種社會共識，同時又代表著相對應的價值。由於通證經濟是以區塊鏈作為技術載體，所以保證了它作為憑證的可識別和防篡改特性。同時，通證的憑證範圍相當廣，無論是一支股票還是一棟房產，抑或是個人信用、權利，都可以作為通證登記在區塊鏈上。

關係網：通證、代幣、數位貨幣、區塊鏈

通證是區塊鏈發展到高階生態的產物，通證經濟則是通證基於區塊鏈技術進一步推進的結果。通證經濟將作為橋梁，連接現在與未來。那麼，通證、代幣、數位貨幣與區塊鏈之間又有怎樣的區別和聯繫呢？

談到通證，最常見的問題莫過於通證與「幣」的關係了。其實在早些時候，人們曾經將通證等同於代幣，然而區塊鏈發展到今天，用「代幣」一詞來代表泛區塊鏈應用的生態模型中，維持生態循環並將其往前推進的助推器似乎顯得過於片面了。通證就是幣嗎？答案自然是否定的。在日常對話中，提及區塊鏈，往往就不得不提到幣。比特幣的「幣」、某個項目發行的「幣」或者未來經濟生態圈中流通的「幣」可能都不是同一種「幣」。

一般而言，在區塊鏈中，我們提到的幣都屬於「加密貨幣」。加密貨幣作為去中心化的虛擬貨幣，是一種當作交換媒介的數位資產。它使用強大的密碼學來保護金融交易、驗證資產的轉移，並嚴格控制新單位的建立。如果把加密數位貨幣放在更大的空間內看，它就同時隸屬於虛擬貨幣和數位貨幣。

我們可以將虛擬貨幣看作一種價值的數位表達，其中去中心化的一部分包含加密貨幣，而中心化的一部分則包含Ｑ幣（騰訊推出的一種虛擬貨幣）、遊

戲幣等權益息票或者手機端支援的移動息票。比起虛擬貨幣，數位貨幣的範圍則更大一些，因為它還包含被監管的部分，如電子現金等。

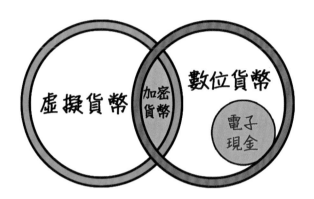

簡而言之，通證能不能與加密貨幣劃上等號呢？自然不能。

加密貨幣分為以下幾類：

（1）原生或內建代幣，如比特幣、以太坊；

（2）資產支援代幣，透過 ICO（首次代幣發行）發行，如量子鏈；

（3）資產衍生代幣，透過 IFO（首次分叉發行）發行，如位元熱點、比特幣現金。

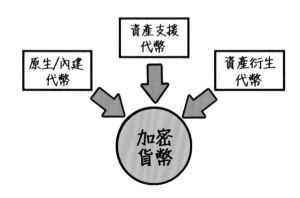

按照加密貨幣研究人員簡‧蘭斯基的說法，加密貨幣系統將滿足以下條件：

（1）系統是一個去中心化的系統，支付在系統執行過程中就能達成共識；

（2）系統對加密貨幣單元及其所有權進行了概述；

（3）系統定義了是否可以建立新的加密貨幣單元，及如何生成這些新的加密貨幣單元並確定其所有權；

（4）加密貨幣單元的所有權可以用密碼來證明；

（5）系統允許加密貨幣單元的所有權發生更改的交易進行，只有當現階段該加密貨幣單元的所有權可被整個系統證明時，交易才算完成；

（6）如果同時輸入兩個不同的指令來更改同一加密貨幣單元的所有權，那麼系統將最多執行一個指令。

進一步解釋來說，加密貨幣系統並不是一個中心化或者需要某個中間機構背書才能進行交易的系統。在這個去中心化的系統中，支付是點對點的，在系統執行過程中自動達成共識。同時，該系統會記載加密貨幣單元及其所有權，並對加密貨幣單元的生成方式及其所有權進行描述，類似比特幣。

加密貨幣單元的所有權透過密碼證明，即「挖礦」時透過計算雜湊值確認交易。當交易發生更改時，需要整個系統確認，保證交易的不可篡改性，使交易更加安全。當有記錄者進行錯誤輸入時，需要根據多數票規則入，進一步保證交易的正確性。

根據分類，通證可以算是加密貨幣的一種，因為它既可以流通又可以交易。然而，在泛區塊鏈生態系統中，通證可以是任何權益、價值，而不僅僅是代幣權益證明。因而在某種意義上，我們又可以將數位貨幣看作一種特殊的通證。通證是可流通的加密數位憑證，是區塊鏈網路的記帳方式，在網路上可自由流通且有密碼學加持。

權益、加密、流通

在前文中我們說過，通證的定義是「可流通的憑證」或者「可流通的加密數位憑證」，它有三個必要的元素。

第一個元素是「權益」，即通證具有固有或內在的價值，是價值的載體和形態。它既可能是看得見、摸得著的商品，也可能是沒有實體形態的股權，甚至可能是一種信用或者權利。它源自於社會對其價值背書方信用的認可。

第二個元素是「證」，即通證有密碼學加持。它具有真實性，可以被識別，無法被篡改。這也是通證能夠流通的條件。

第三個元素是「通」，即通證必須能夠在一個網路中流動。它可以被使用、轉讓、兌換、交易等。

這三個元素共同構成了通證的三個基本面，通證就是這三者所組成的統一體。

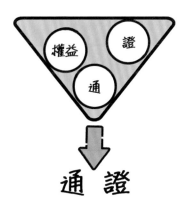

「通證」與「貨幣」的對比

區塊鏈應用項目與通證經濟是相輔相成、互為依託的存在。在一系列前景廣闊的區塊鏈應用項目中，如何令有真實需求的交易行為順利進行，是區塊鏈應用項目立足的根本。在沒有區塊鏈的世界中，這些交易行為被激勵機制、交易成本或者支付方式等問題局限而難以有效進行。

資產與通證互相結合，俗稱「上鏈」。在「上鏈」的過程中，既需要一個被大眾承認的受信機構將通證與資產的對應關係規範化，又需要確保在法律意義上將區塊鏈外的資產、交易與區塊鏈內的電子憑證一一對應。

首先是通證與資產之間的對應關係。當一個經濟系統執行時，最重要的一個問題就是如何度量這個經濟系統中出現經濟的價值，這個度量價值的東西需要具有穩定的性質。眾所周知，最早的貨幣是擁有真正內在價值的代幣，如貝殼、金、銀等。

最早具有象徵意義和法定價值的貨幣是中國商朝的銅貝。鑄幣的誕生使交易更加簡便，社會的快速發展讓 20 世紀後半貨幣演變的行程變得令人難以捉摸，但是貨幣已經開始趨於虛擬化。在貨幣的價值創造中，只需要保持其特定形態，鑄造材料的含量與其價值呈正相關。簡單來說，貨幣已經演變成了一種象徵符號，其本身的內在價值為多少並不重要。

之後，漫長的歷史發展也印證了這一點。在人們所熟知的周朝銅幣出現之前，人們就已經開始使用貝殼貨幣這種複製品來代替「貝殼」了，這種貝殼貨幣裡面並沒有任何貝殼的成分。到 1965 年，美國也開始無銀化，他們去除了 25 美分硬幣中銀的成分。雖然鑄造硬幣的材料價值（即內在價值）減少了，但其市場價值仍然保持不變。

伴隨著貨幣與其內在價值的分離，市場對鑄幣技術的要求也在不斷提升。人們對於貨幣市場價值的信任源自於國家權力機關，但是對貨幣本身的信任則源自於貨幣的鑄造機構，因此貨幣鑄造機構有義務鑄造出不易被複製且難以被追蹤到授權發行者的穩定貨幣。日益完善的貨幣製作工藝涉及獨特的合金和紙材的選擇、金屬衝壓、印刷技術、墨水性質、隱形圖像等方面。

這些技術通過簡化驗證，成為貨幣信任穩定的泉源。技術的進步使貨幣的內在價值和其被廣泛認可的市場價值更趨於獨立。這也啟發我們在現在的金融創新中要將技術作為貨幣演變的助推器納入考慮範圍。

20 世紀，信用卡、簽帳金融卡等交易工具的興起代表著貨幣進一步向虛擬化演變。這些交易工具的廣泛使用擴大了交易範圍，使交易更加快捷簡便，並減少了具象貨幣的使用。從發行方獲得買賣雙方的認可到被政府部門接受，卡類交易工具不斷普及。20 世紀末，網際網路技術的誕生更為這類交易工具的發展創造了條件。

進入 21 世紀，數位化技術推動了金融服務領域的創新，使有形貨幣逐漸退居市場幕後。貨幣發展的最終形態是任何形式的有形工具都將消失。在日常生活中，出門不再攜帶錢包已經變成司空見慣的事情了，因為行動裝置的支付服務可以使交易透過網路即時結算。

電子商務推動的創新從尋求資金轉移的替代方式開始。傳統管道提供的是基於信用卡、簽帳金融卡的交易結算服務，因此線上支付系統一般與買賣雙方已有的信貸或者簽帳工具有關，有時也為不具備這種工具的小額賣家增加銀行卡結算服務。[1]

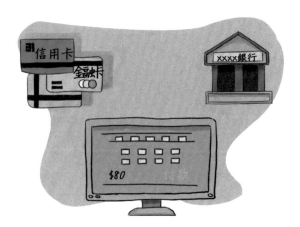

網際網路商品的售價極具競爭力，儘管省去了中間商的成本，但是為了進一步保證其利潤，或者出於平台交易機制的原因，網際網路商家不可避免地採用線上支付系統進行交易。完全基於網際網路的結算代理第三方不斷發展，大大降低了買賣雙方交易結算和貨幣化的成本。[2]

對消費者之間的交易平台而言，客戶同時作為買家和賣家，用基於平台的統一線上帳戶進行交易將更加便捷高效。各大電子商務平台一般以部署系統內部資金或者直接電子對接買賣雙方銀行帳戶「類銀行」服務的方式，承擔結算功能。

在未來，技術創新將進一步降低交易成本，去中介化行程也將被不斷推進。此時，通證的概念應運而生，它也是貨幣進化史的必經步驟。去中介化的最終形式便是與通證互為表裡，因為通證的存在使交易在給予區塊鏈的系統中儲存資金，無須中央結算處理系統的中介機構便可以使交易活動即時完成。

無須中央結算處理系統的中介機構分配交易費用，以及受到儲值服務取代信貸的影響，最終驅動了通證的誕生。

小經濟體內「通證」的執行

德勤中國的研究報告指出，目前已經廣泛存在的儲值系統其實就是通證經濟的一種形式。對客戶而言，該通證系統帶來的正向激勵作用來自公司給予

的儲值折扣或者返利。這是為了彌補顧客因將投資放到別處而帶來的利息損失，即機會成本。對公司而言，激勵則源自於客戶用儲值卡在該公司消費的忠誠效應。

目前最受歡迎且被大眾普遍接受的積分卡廣泛存在於網路遊戲、部落格和即時通訊服務的公司裡，成為中國消費者基金的重要組成部分。網際網路市場上的供應商提供相關儲值卡服務，包括儲值卡的買賣和兌換相對應的實體商品等。隨著客戶群體的逐漸擴大，相關整合商和應收帳款承購商的數量迅速膨脹，願意接受積分卡支付的賣家數量也不斷增加。

然而，並非只有真正的卡片才能稱為「卡」。由於網際網路、大數據、人工智慧等技術的發展，卡本身逐漸被虛擬化。儲值卡最初是以實體卡片的形式存在的，如遊戲點數卡、手機儲值卡、消費儲值卡等；現在消費者可以從網路上直接購買電子儲值卡，甚至實體購物商店的權益卡片也逐漸被手機上的電子卡片取代。另外，塑膠實體卡所代表的身份憑證，也可以被電子卡號、身分證訊息和手機驗證碼等輕鬆取代。這些「卡」實際上都是初級通證的一種展現形式，這種通證建立在公司與客戶之間。

客戶透過自己購買或支援公司的產品表現自己的忠誠度，公司根據其發行的卡片資料記錄來相對評價客戶，甚至有時還能根據卡片上面的消費記錄來為客戶推薦合適的產品。這便是儲值技術的進步所帶來的消費者與公司關係的轉化。未來，客戶或許能透過公司所發行的通證記錄訊息反觀公司執行的好壞，避免所謂的店大欺客。

通證能取代貨幣嗎

首先，通證雖然與貨幣息息相關，但是通證並不是貨幣，也不可能取代貨幣。信用貨幣的誕生離不開權力機構的介入，因為貨幣本質上是建立在信用的基礎上。很多貨幣本來並沒有價值，權力機構的信用背書賦予貨幣廣義上的價值，並使其得到群眾的認可。貨幣權力必須屬於國家，所以通證不可能取代貨幣，卻可以作為經濟價值體系中的補充而存在。沒有國家的授權和支援，所謂「取代貨幣」只是自欺欺人。[3]

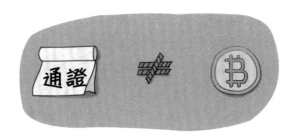

為什麼人們會誤認為通證就是「代貨幣」呢？筆者認為首要的原因是現實中紙幣總給人一種幻覺——人能夠透過手中持有的紙幣行使自己的權力，而通證只是一種在一個狹小範圍內的使用權，一般不會超出這個項目本身，人們不能將其誤認為是可以流通於整個社會的法定貨幣。所以，通證充當現實貨幣是沒有意義的。

其次，我們也可以認為央行的法定貨幣就是一個國家的通證，它是不能被替代的通證。我們在前文所提到的通證系統僅僅代表一個個體經濟個體，要嘛是公司這個個體經濟個體和市場之間的通證系統，要嘛是存在於這個個體經濟個體中的各個子個體之間的通證系統；而整個國家執行的應該是所有企業的加總性整體效用，僅僅一個微觀的通證系統是不夠用的。

未來，一個國家可能使用區塊鏈的技術來發行貨幣；而通證僅是一個個體經濟個體的使用權，該個體經濟本身的使用層次就限制了其無法在整個經濟體中流行開來。

第
2
章

理論篇

通證經濟生態圈，公平健康和諧

我們說通證是一種可流通的憑證，有了區塊鏈技術的依託和網際網路平台的加持，通證已經不單單是作為可流通的憑證獨立存在了。作為構成通證經濟體最重要的一環，通證的效力使通證經濟模型漸漸浮出水面。

本章將從新制度經濟學的角度剖析通證經濟的理論，同時簡要概述建立通證經濟模型的幾個要求，如何建構區塊鏈通證經濟生態圈等。

通證經濟下的新制度經濟學

消費者在進行交易時，關注的重點往往是既定花費為其自身帶來的效用而非交易成本。交易成本是指在建立商品交易過程中，沒有被交易主考慮到而損耗掉的成本，時間成本、保險成本等都可以算作交易成本。新制度經濟學就是這樣一個側重於交易成本的經濟學研究領域，它主要分為四大部分。

交易費用理論

交易費用是新制度經濟學最基本的概念。羅納德·科斯在其 1937 年的論文「企業的性質」中提出了交易費用的理論，他認為：「交易費用應包括度量、界定和保障產權的費用，發現交易物件和交易價格的費用，討價還價、訂立契約的費用，督促契約條款嚴格履行的費用等。」[1]

交易費用為何與新制度經濟學息息相關呢？新制度經濟學是研究新舊制度交替的經濟學理論，而新舊制度交替的根本源自於經濟效率的提高。經濟效率的提高是透過資源的合理配置實現的。交易費用理論表明了交易活動的稀缺性，同時，市場的不確定性導致交易的實現是有代價的，這就進一步涉及資源的配置問題。經濟學的根本就是研究稀缺資源的配置，因此交易費用的提出對於新制度經濟學具有重要的意義。[2]

產權理論

產權的本質是社會關係。在魯賓遜一個人的世界裡，產權是起不了作用的。從新制度經濟學理論來看，產權是一種權利，當作社會的基礎性規則，它規定了人與人之間的行為關係。產權經濟學家阿爾欽認為：「產權是一種透過社會強制實現對某種經濟物品的多種用途進行選擇的權利。」人類社會是人與人互相交流、互相交往的有機整體，只有在這樣的有機整體中，人們才有互相尊重產權的必要性。[3]

的革新是遠遠不夠的。只有人們擁有制度創新與變遷的意識，並進一步透過制度的建立鞏固技術革新的成果，才能推動經濟社會的長期發展。

制度變遷理論的三大基石為產權理論、國家理論和意識形態理論。[7] 制度變遷的原因，制度的起源，制度變遷的動力、過程、形式等都是制度變遷理論的重要內容。制度變遷是一種相對收益較高的制度對收益較低的制度的替代過程，因此節約交易費用是帶來制度變遷的原因之一。

整體而言，交易費用理論是新制度經濟學的基石和理論發散的根本，在其他理論中我們或多或少都能看到交易費用理論的影子，即可將其看作該理論的擴充或延伸。產權的界定、執行和保護因交易費用的存在而顯得尤其重要，進而催生了產權經濟學理論。

同樣因為交易費用的存在，合約形式的選擇也對資源配置效率發揮了至關重要的作用。國家、企業和市場是三種具有代表性的組織選擇，由差異化的合約選擇決定的。同時，在不同的約束條件下，不同組織的選擇可以使交易費用實現最小化。

通證經濟模型與現階段實現

通證經濟模型中的價值傳導機制可以分為兩部分：一部分為投資與投機需求，即投資者以資產增值為目的而持有通證；另一部分為實際的使用需求，即使用者以在應用場景內使用為目的持有通證。

再回到現實，目前很少有發行多種通證的通證項目，它們的理論依託又在哪裡呢？經濟學中提到，不同的人有不同的偏好，他們具有多層次的價值觀，不同人的需求不同，所以持有通證的目的也不同。當不同需求的人客觀存在時，我們在前文中提到的通證經濟模型便在某種程度上得以實現。

建構通證經濟的幾點要求

通證是通證經濟生態圈中的能量（價值）傳輸手段，代表著對照現實的價值體系。在一個成熟的通證經濟生態系統中，通證所扮演的角色是各式各樣的，它作用於經濟與社會的各個方面。當發行通證的主體為商業公司時，商業公司的主要願景是使該通證具有更廣泛的應用場景，進而推升公司自身的商業價值，此時生產者可以透過與公司發生業務往來或者為公司創造價值而取得通證。

一方面，公司透過業務往來增加持有該通證的群體數量，並獲得相對應的流通量；另一方面，公司內部人員創造價值以換取通證也符合公司透過激勵進

行社群自治的要求。商業公司發行的通證就像是股票，可以透過交易平台進行交易實現增值，如果留存在消費者手中的通證可以隨著公司通證應用場景的擴張進入更多流通平台，那麼其流通增量就能使通證具有更高的價值。另外，該通證還具有類似股票的分紅概念。

除了與股票相似的現有概念外，通證擁有在二級市場中的不可替代性，即可交換性。舉個簡單的例子，我一口氣在某個商場購買了許多東西，商場剛好有積分回饋活動，相對給了我可以在下次購物替代現金的積分，但我清楚地知道我以後再也不會在這個商場購買東西了，與其將白白浪費這些積分，不如在二級市場進行交易換取我更需要的東西。

通證是具有廣闊發展前景並會引領經濟社會產生革新的新興事物，絕非所謂的「新瓶裝舊酒」。回到通證的使用性上，區塊鏈所帶來的低成本、高效率、低交易費用的權益確定，使個人所擁有的權益都可以數位化，也使原有的交易過程更便捷、更省錢、更高效，因而在對通證實用化、普及化的探索中，其實是有人類固有的使命感存在。

對一家成熟的通證發行商業公司而言，如何構築合理而健全的通證經濟體系並發揮通證的使用性，是發行通證最基本的要求，然而這個最基本的要求恰恰是最困難也最容易被忽視的。就像一個真正的生物生態圈一樣，生產者、消費者、分解者缺一不可。以公司為中心的通證經濟生態圈要保證通證在這個系統中，成為一種生生不息的能量，推動生態圈的合理執行。

通證經濟生態圈

假如公司是負責確認收藏品鏈上的權利與交易，由於區塊鏈的特性，收藏品的來源可追溯，交易便捷、私密性高，又可以使素不相識的人也能建立信任關係，所以人們會使用該公司系統進行收藏品交易。可是如果該公司發行通證，那麼它的主要用處是什麼？融資嗎？顯然不是。該通證的主要目的應該是促使通證交易和面對使用者的核心功能彼此互動。因為對真正使用該公司系統進行收藏品交易的人而言，他們主要的目的自然是使用該通證而不是投資該通證，這樣才能使該通證在未來擁有更大的影響力而更具價值。

進一步而言，一個成熟的通證經濟體系有助於社群自治的良性循環，是社群治理的權力要求，在社群內部形成了利益共同體，各社群成員共擔風險、共享收益，使社群的投票和表決更加便利。區塊鏈社群使用戶與項目之間產生價值流動，同時網際網路平台為二者提供了訊息互換機制，讓這兩條動能鏈共同建構了一個合理的通證經濟生態圈。

經濟生態

經濟生態是通證經濟生態圈的初始形態，正是由於經濟的驅動，通證經濟才得以蓬勃發展。之所以說經濟生態是初始形態，是因為通證經濟目前可以落實並得以試驗的方式，就是從項目方在公有鏈上發行通證開始的。雖然我們也在不斷探索通證經濟的未來發展方向，但是區塊鏈的倡議者果敢邁出的第一步，讓通證經濟這個新興概念逐漸走進大眾視野。

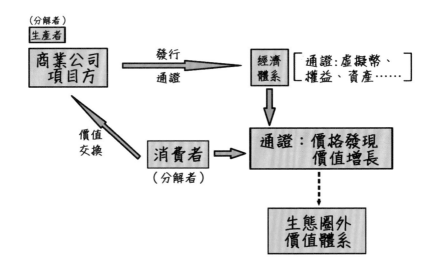

在通證的經濟生態中，通證依舊作為能量傳輸手段來連接每個商業鏈。各個商業公司（即發行通證的項目方）為生產者，以區塊鏈作為技術載體，透過發行通證進入整個經濟體系。通證透過扮演不同的角色不斷進行價格發現與價值增

長，同時又與生態圈外的價值體系互相關聯。這個價格發現的過程，也是消費者逐漸參與並且發揮作用的過程。消費者透過與其他消費者或者生產者之間的價值交換，使通證得以流通。

在這個經濟生態圈中，消費者與生產者同時扮演著價值分解者的角色，即消費者消費通證，將價值傳遞回給生產者；同時，由於廣泛的流通或者應用場景的不斷延伸，通證的價值也被不斷發掘並反映在價格上。企業基於通證價值的上升獲得更多資源後，便可進一步擴大業務範圍，增強業務能力，建構更多的生態場景，進一步發行通證，讓企業的通證流通更為廣泛。

社會生態

比起經濟生態，社會生態屬於更進一步的發展形態。這是因為通證經濟要落實到社會層面，需要社會的廣泛認知，也就是說需要有龐大的群眾基礎了解並認可通證經濟的概念。同時，國家權力機關的承認與建構合理的通證經濟生態圈，是社會生態發展的先決條件。

健康的通證社會生態，其生產者是國家權力機關或相關機構。它們從政府管理的角度出發，發行基於個人行為度量性層面或政策導向層面的通證。與經濟生態不同的是，社會生態並不以營利為目的，也不以流通性來衡量通證的效用。

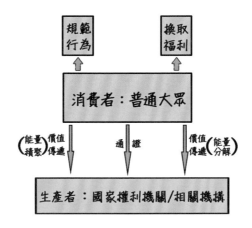

政府發行通證是為了推動社會福利最大化或者社會公平，而以區塊鏈為基礎的通證經濟恰恰為這個需求提供了可能。普通民眾，即社會通證的消費者，可以透過使用該通證換取相對應的福利。值得一提的是，在很多情況下，該通證還具有規範人們行為的作用，換句話說，它可能作為行為的尺標而廣泛存在。

若以生物生態圈來比喻，就好像只有每塊土地因地制宜、在合理規範劃分的前提下，生物圈中的生物才能更有效率地生長。和經濟生態一樣，能量在消費者與生產者的價值傳遞過程中自行分解，或者說自行積聚，使得整個社會的執行效率更高，向著更加公平、更加幸福的標準邁進。

通證經濟生態圈

從通證經濟生態圈全局來看，建構一個穩定、發展的生態，生產者、消費者（分解者）和價值傳輸體系缺一不可。也許在未來還會有更多形式的生態圈等待探索，並能夠解決存在於目前世界中的各式各樣問題。

例如，有一種通證，它基於藝術形式或者音樂流派，以感知和激發藝術文化靈感為核心，旨在傳播大眾文化藝術的需求。這種形式的通證既不屬於經濟生態也不完全屬於社會生態，卻對現實世界有著深遠的意義。再如，有基於粉絲團體、以對偶像忠誠度為架構的通證，該通證的存在能夠保證忠誠度較高的粉絲有更大的機會購得偶像的演唱會門票，或者參與粉絲見面會。這種

形式的通證在一定程度上保證了團體內的公平，也提高了團體效率，即杜絕黃牛哄抬票價而造成的資源浪費。

雖然通證與社會生態在某些作用上有共通之處，但是二者的意義並不完全相同。通證的形式將會越來越多樣化，通證的意義也會越來越細分。可是通證存在的意義從廣義上來說，也是為了維護社會公平，在提高經濟社會效率的同時，增進利益相關者的積極性，進而實現生態的健康穩定發展。

第

3

章

技術篇

歷史是螺旋形的，最終趨於向上

歷史的發展從來不是偶然，也不是必然；技術的變革並非一蹴可幾，向來也沒有水到渠成。多種技術的發展因一個契機融合成了硬幣的正反面，新一代的「可信和諧區塊網」就此誕生。本章將從技術發展的角度剖析通證經濟執行的「土壤」區塊鏈，一起走進區塊鏈的技術概念、發展歷程和相關演算法等。在本章中，我加入了較多的技術性知識，可以算是《圖解區塊鏈》一書中有關技術理論知識的二次延伸。

從網際網路到區塊網

網際網路這個概念你並不陌生，不管你願不願意，你都必須承認，你的生活已經被網際網路掌控，你可以一個月不出家門，但是你很難一個月不上網。隨著社會的不斷向前發展，越來越多的東西開始向網路轉移，而且這個趨勢越來越快。那麼，網際網路沒有問題嗎？當然有，你我都接觸過網路的各種問題，例如資料洩露、電腦病毒、垃圾訊息。

那麼,如何解決這些問題呢?我們拋開法律層面、人文層面,單看技術層面的解決方案。這就涉及一個偏哲學的問題:網際網路的實質是什麼?網際網路實際上是由一個個的網路裝置和終端節點構成的,所謂的網路裝置和終端節點,就好比你家的路由器連接著各種電腦、手機。在網際網路從終端到終端的過程中,要經過眾多的線路和網路裝置,在這九彎十八拐的「取經路」上,其中任意一個環節出現問題,都可能導致網路的不可達。

中心化節點的損壞會導致資料遺失,硬體裝置的損壞會導致網路直接當機。即使硬體都完好無損,各個終端對於頻寬資源的爭奪也會導致網速過慢。就算確保一切都完好,依然會存在各式各樣的網路攻擊。這些情況可以歸納為一個概述化的問題──中心化的網路結構中存在惡意節點,即所謂的「不可信網路」。

對於不可信網路中達成共識的問題,其實很多學者和專家都有相關的研究,但是直到比特幣區塊鏈系統出現前,都沒有一個實際可用的解決方案。在本章中,我們會嘗試從不可信網路中達成共識這個問題的研究路徑來看區塊鏈

網路的誕生，同時也為後面我們談到的通證經濟模型的設計問題埋下一個伏筆。

點對點網路的互不信任問題

點對點系統意味著不存在中心節點，想要這樣一個網路執行任務，就需要所有的使用者都擁有一個自己的用戶端，這個用戶端能夠發送和接收交易，而且能識別其他節點發送的交易是否合法。要做到這一點，就需要儲存一些基本的資料來記錄所有參與者的行為。對單個節點尤其是普通使用者的節點來說，滿足 7×24 小時上線基本上是不可能的，那麼節點連接網路的第一件事情就是透過其他線上節點取得自己在離線這段時間內的行為資料。

但是在公開的網路中，其他節點並非都是可信的，甚至有惡意節點會故意傳播假資料，新登入的節點需要從其他節點取得資料，因此必須在系統的參與節點之間有一套識別機制，能夠判定資料是否正確，或判定節點是否可信，即需要在互不信任的節點之間達成信任。

拜占庭將軍問題

系統節點間的識別，其實就是點對點通訊中的基本問題：如何在有著訊息遺失問題的不可靠通道上，透過訊息傳遞的方式達成一致性，萊斯利·蘭波特等人在 1985 年將這個問題具體描述為拜占庭將軍問題。

拜占庭是一座富饒強大的城堡，周邊的 10 個部落都想攻占它，但是只有在 5 個以上的部落同時進攻的前提下，這些部落才能取得勝利，否則進攻的部落會失敗且被其他部落吞併。而這些部落互相不信任，還可能有背叛者。各個部落之間只能透過互派信使傳遞訊息，互相告知進攻時間，以期達成共識。在這種情況下，每個部落在同一時間會收到不同的時間訊息，而如何識別訊息的真假並達成進攻時間的一致性，就是拜占庭將軍問題所要解決的問題。

在這個問題中，存在誠實節點和欺詐節點，訊息通路有可能是暢通的，也有可能是不通的。在這樣的環境中實現具有容錯性的分散式系統，即在部分節點失效後仍能確保系統正常執行的問題是無解的。所以，我們想要在這樣的網路中實現一致性，只能在訊息通路沒有問題的情況下提出解決方案，也就是說在限定條件的情況下才有解決方案。

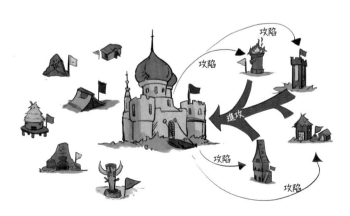

拜占庭將軍問題的提出代表著關於分散式的可靠性理論研究已經進入實質性階段，離具體實踐的階段也就不遠了。

非對稱加密

在網際網路這個不可靠的路徑上傳遞隱秘訊息，離不開加密技術的支援。前文中隱含了一個識別交易是否合法的問題，也是一個認證問題的處理過程。傳統的加密和解密都使用同一個密碼，但是這套體系只適合在信任的人之間傳遞隱秘訊息，而且最初的密碼怎麼傳遞給對方是一個很大的問題。

1976 年，惠特菲爾德‧迪菲與馬蒂‧赫爾曼在論文「密碼學的新方向」中提出了公私鑰加密體系，開創了非對稱加密演算法。這套系統避免了在不安全的網路上傳遞密碼的安全隱患——使用私鑰對訊息進行簽名後，利用公鑰可以驗證該簽名是不是對應的私鑰發出的。[1]

使用非對稱加密演算法的過程是：

（1）A 和 B 之間進行通訊的前提是，雙方都需要使用非對稱加密演算法生成自己的公私鑰；

（2）兩人分別將自己的公鑰發送給對方；

（3）A 使用 B 的公鑰，將要發送的訊息進行加密並傳送給 B，B 使用自己的私鑰將訊息解密並取得訊息原文，第三方即使截獲密文並知道 B 的公鑰也無法對加密訊息進行解密；

（4）A 使用自己的私鑰對要發送的訊息進行簽名，並將訊息和簽名發送給 B，B 可以使用 A 的公鑰來鑑定簽名，判斷訊息的原文是不是 A 發出的，進而保證訊息不被篡改。

目前廣泛使用的 RSA 演算法、因比特幣系統而廣為人知的橢圓加密演算法等，都是非對稱加密演算法。

點對點網路

在傳統的網路服務結構中，各參與節點並不是對等的，以網際網路中的網站為例，訊息和服務的提供方透過伺服器提供服務，而使用者則透過訪問伺服器取得服務。網路中絕大多數的服務都採用這種 Browser/Server（瀏覽器 /伺服器）或 Client/Server（用戶端 /伺服器）結構，即以中心化的方式提供服務。

1999 年，肖恩・范寧編寫的線上音樂共享程式納普斯特（Napster）開始爆發，後續出現的電驢（eMule）、位元流（BitTorrent）開始被大範圍使用，

甚至占據了當時網路中大多數的流量，這些點對點對等網路開始被大規模使
用。在點對點網路中，各個參與者之間是完全對等的，它們各自拿出自己的
一部分資源提供對外服務——其他對等節點可以直接訪問這些內容。因此，
所有的參與者既是資源、服務的使用者，也是資源、服務的提供者。

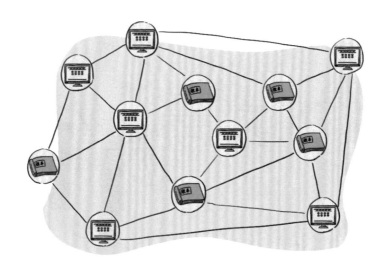

以點對點方式形成的網路，是一個非中心化的系統，因此服務更加穩定，不
再依賴單一節點。而且，從理論上來說，隨時加入節點可以提升整個網路的
效能，使其擴充性更強。同時，訊息可以在任意參與者之間進行轉發，不再
需要透過固定的節點來轉發，能更完善地保護使用者的隱私和上網安全。另
外，由於在點對點網路中可以呼叫節點自身的資源，所以對部分服務來說，
它們更傾向於採用這項技術來降低自己提供的服務成本。

默克爾樹

默克爾（Merkle）樹只是一種處理資料的概念。拉爾夫‧默克勒在 1980 年發表的論文中提出了這個概念，當時提出這個概念是為了生成數位簽章證書的公共目錄摘要。這種結構很適合用大量不同的資料生成一個簡短的摘要，同時可以根據一系列關鍵路徑形成一個封包含的簡短證明。

默克爾樹的構造離不開雜湊函數的配合，整個生成過程如下：

（1）將所有要包含資料的雜湊值按照某個順序進行排列，如果是奇數個，就將最後一個複製一份；

（2）根據排列後的順序，將所有雜湊值兩兩相合併生成新的雜湊值，如果是奇數個，就將最後一個複製一份；

（3）重複（2）的過程，直到生成唯一的一個雜湊值為止。

利用這套方案，可以很方便地比較兩個節點的資料中不一致的部分，因此它在點對點網路中被廣泛使用。它原本的作用是從根節點開始，到指定節點的路徑中所透過的所有節點和相鄰節點的雜湊值形成一個證明鏈，方便地驗證目標節點是不是在這個默克爾樹中。

雜湊運算

雜湊運算是一種雜湊演算法，就是將任意長度的訊息映射到一個指定長度的目標區域中。可以想像一下，將大量訊息轉換後放入一個很小的空間中，這個過程一定會造成訊息遺失，在設計演算法時，為了避免反向求解均採用不可逆演算法。

要避免逆向求解，輸入和結果的變動狀態一定是不相關的，也就是説，要根據一個指定結果找到相對應的輸入，只能透過改變輸入的方式，不停地嘗試。有演算法就會有人嘗試破解，由於計算過程的不一致，不同演算法的安全性是不一樣的。

在所有的雜湊運算中，SHA（安全雜湊）演算法是美國聯邦訊息處理標準認定的安全演算法，目前來說它是很安全的，因為暴力計算的成本很高。比特幣系統採用的 SHA256 就是這個演算法家族中的一員，它是指將任意訊息映射到一個 256 位長度的結果中。

水到渠成的區塊鏈

2008 年 10 月 31 日，中本聰發表了一篇白皮書——「比特幣：一種點對點的電子現金系統」。該文提出了一種完全透過點對點技術實現的電子現金系統。這個電子現金系統（比特幣支付系統）的底層技術就是區塊鏈。

中本聰的白皮書將以上提到的各項技術融合在一起，創造出了區塊鏈和比特幣系統，形成了第一套確實可行的數位貨幣系統。雖然結合了各項技術，但是能將這些技術融合在一起，還要得益於比特幣系統中的幾個特殊設計。

比特幣

在日常生活中，我們接觸到的貨幣都是固定面額的紙幣或硬幣，必須對面額進行分割，兌換成等值的其他面額。使用大面額紙幣支付時，會接受商品和剩餘面額的找零行為。在銀行等數位化的體系中，我們面對的是一個帳戶的概念，個人可用的額度代表帳戶中的餘額，因為支付過程是完全數位化的，需要支付時，直接增加至帳戶即可，變化的只是帳戶餘額的數字。

這兩套系統中的貨幣有兩種不同的處理方式，實體貨幣分散而無法被記錄，更無法被追蹤，而對於帳戶體系來說，只要它的記錄存在，就可以對所有交易進行追蹤核查。反過來說，實體貨幣的交易因實體的存在而容易核查校驗，如果每張貨幣轉手時都有記錄的話，那麼交易轉手的過程將無法偽造。而對帳戶體系中增減、調整一些交易的金額卻很難進行核查。

比特幣繼承了其他數位貨幣對於使用者交易隱私性的追求，但是在電子貨幣的處理上，反而採取了類似實體貨幣的處理方式。「比特幣系統將一枚電子貨幣定義為這樣的一串數位簽章：每一位所有者透過對前一次交易和下一位擁有者的公鑰簽署一個隨機雜湊的數位簽章，並將這個簽名附加在這枚電子貨幣的末尾，電子貨幣就發送給了下一位擁有者。」[2]

在比特幣系統中，下一位擁有者對公鑰來說其實就是下一位的首筆位址。根據這個定義，一個電子貨幣需要包含以下幾項訊息：支付者的電子貨幣訊息、指定接收者、支付者的簽名訊息。在這枚電子貨幣進行下一次流轉時，這裡的指定接收者和這次交易的特徵值就成了新的「支付者的電子貨幣訊息」，也就是說，比特幣中的電子貨幣定義更像增加了流轉記錄的實體貨幣，系統利用了數位貨幣的便利性，在每一次交易時，都將支付者支付的比特幣進行銷毀，同時根據金額分配發行了新的比特幣。

在這樣的定義下，每一枚比特幣的貨幣都可以透過流轉記錄一直追溯到初始發行，因此在系統中流轉的比特幣是無法造假的，使用者擁有的比特幣就是自己收到還沒有花費出去的收入。這種設計可以很方便地驗證數位貨幣的來源，而數位貨幣和實體貨幣的差異就是接收者需要防止支付者重複花費這筆比特幣。

交易

各種系統都有自己定義的交易記錄資料，一般來說這些資料都會包含幾個主要因素：買方、賣方、標的物、價格、時間。在比特幣系統中，交易本身只是一次貨幣轉移過程的記錄。對交易雙方來說，標的物都是比特幣，因此系

統在交易內容中去除了標的物的訊息,具體的時間需要透過其他方式確定,最終一筆完整的交易記錄只包含了支付者訊息和接收者訊息。

將對交易內容進行 SHA256 雜湊操作後得到的交易特徵值作為本交易的 ID(身份),可以對交易進行區分指定,在一筆交易的輸入中,能透過交易 ID 和在輸出中的序號指定要花費的比特幣。在輸出中,包含的就是接收者訊息和要分配的比特幣數量,這裡根據具體的情況可以指定多個接收者,因為輸入中的比特幣只能全部支付,多出而要返還給支付者的找零也會被認為是一筆正常的輸出,以達到將多出的比特幣返還給支付者的目的。每一筆交易的輸入和輸出都可以是多個的,這就像實體貨幣中,支付多張貨幣給多個人,同時還有找零回來的情況。

回到上一節中比特幣的定義,其實每一筆比特幣就是交易中的一個輸出。生成交易時只要指定了輸出,就同時生成了一筆比特幣。在交易發出後,輸入中透過交易 ID 和序號指定的比特幣都會變成已花費而無法動用的比特幣,而新交易的輸出生成了幾筆新的比特幣,以交易替代造幣局的角色。使用者擁有的比特幣就是他手中尚未使用、交易輸出中的比特幣數量,簡稱 UTXO。這種交易結構的設計簡單靈活,所以使用者可以透過對輸入和輸出的調整,方便地完成幣值的分割、合併和轉移操作,使用者可以使用固定的位址來打造自己的名片,也可以使用大量位址來隱藏自己的交易。

以交易 ID 和序號作為輸入,整體交易的輸出又會成為新的貨幣,這樣的交易結構可以透過輸入中的交易 ID 和序號,向上追溯上一筆交易的訊息,一直可以追溯到初始發幣的記錄,因此交易的接收者只要簡單校驗構造是否正確,以及相對應的輸入是否被使用過,就可以完成驗鈔的過程。要確定相對

應的輸入是否被使用過，使用者只要關注在目前交易發出之前，這些輸入是否被使用過即可，但是在比特幣系統中，交易是沒有包含時間訊息的，因此這樣的交易設計就需要導入一個能夠判斷時間先後的方案，否則惡意使用者可以透過巧妙的方式將一筆貨幣進行多次花費。

區塊

判斷兩筆交易的先後順序。在權威機構或者中心化節點存在的情況下，只要這個中心機構只接受首先傳播到自己的交易而拒絕擁有同樣輸入的交易，就可以很簡單地提供一個發生順序。如果想避免中心化機構存在，就需要公開系統中的所有交易，每個節點都只接受自己首先收到的交易，透過拒絕第二次使用相同輸入的交易提出自己的判斷，收款人要確保的就是整個系統中多數節點都提出了自己想要的交易順序。

比特幣白皮書中提出了區塊結構。區塊是一個類似交易結構的存在，節點可以將一組交易以默克爾樹的形式進行打包，並附加時間戳形成一個區塊，同樣透過 SHA256 函數可以形成區塊的 ID。如果在後續的區塊中包含上一個區塊的 ID，那麼所有的區塊都可以透過前後關係串聯，這樣其中的所有交易也會隨著區塊的生成時間而產生了先後關係。

這樣的結構形成後，交易組成區塊，區塊前後連接，就形成了一個時間戳伺服器（比特幣白皮書中的定義），但是節點本身形成的這個區塊鏈僅僅代表了自己對收到交易先後順序的判斷，要想爭取到更多節點的支援，就要把自己生成的區塊廣播到網路中。如果所有節點在收到一個區塊時，都按照統一的規則進行接收，例如不一致的交易順序要接受區塊指定，向上附加自己生

成區塊的工作而不是嘗試推翻，那麼全網就只需要一條大家認可的區塊鏈，也就是說，全網對於交易的發生順序有了一個固定的標準。而且，隨著時間的推移，區塊鏈中老區塊的變更成本會越來越高，進而促使了老區塊的自我加強。

激勵

當一個使用者需要支付比特幣時，系統生成一筆交易並發送到網路中，等待接收到它的節點將這個交易附加到區塊鏈。對接收方來說，要先檢查交易是否通過合法校驗發送到網路中，其次要等待全網區塊鏈中出現這筆交易，確認交易出現後，就可以認為在自己接收的時候沒有發生重複花費的行為，進而確定交易確實成立。

因為區塊的生成和發布是需要消耗資源的，為了激勵節點來開啟這項工作，每個區塊的第一筆交易都將會產生一枚區塊創造者擁有的新電子貨幣。這種方式既能激勵節點參與區塊的生成，也提供了向系統中注入數位貨幣的機制。另外，在發送交易時，系統要求交易輸入中的金額必須大於輸出中的金額，中間的差額可以被生成區塊的節點發送到自己的位址中。只要比特幣的幣值有吸引力，節點就會參與區塊的生成來領取這個部分的激勵。同時，如果正向激勵大於破壞的收入，也會鼓勵節點維護而不是破壞整個系統。

區塊鏈的共識機制

一個新的問題產生了：在經濟利益的刺激下，大家都會傾向於向網路發送自己生成的區塊，或者有節點不接收其他節點生成的區塊而非要按照自己的想

法重新生成區塊。如果這種問題得不到解決，那麼網路就會很混亂而無法形成一個區塊鏈，這樣的網路是無法使用的。這又回到了拜占庭將軍問題的情況，要怎麼做才能在網路中的所有節點之間達成共識，也就是需要一套實際有效的共識演算法。

PoW：工作量證明

PoW 的概念源自於雜湊現金，其本意是防止對網際網路資源的濫用，尤其是指垃圾郵件的泛濫。具體做法是在郵件頭中附加一個滿足指定條件的戳記，簡單來說，就是要求郵件頭中附加一個可以使指定資料集的雜湊運算結果，滿足前導的指定位數都是 0 的一個隨機亂數。由於雜湊運算的特性，這個隨機亂數只能透過不停地嘗試尋找，而無法透過反向計算取得。

在添加這樣一個要求後，要發送郵件就需要附加一定量的運算過程，這對正常使用者的影響很小，但是垃圾郵件發送者就需要大量重複這個計算，需要消耗的中央處理器資源會變得很龐大，透過增加成本抑制了垃圾郵件的產生。而且隨著前導 0 的位數增長，整體的計算量會以指數級的方式遞增，透過對要求位數的調整找到一個合適的難度。

為了讓所有節點能夠達成共識，比特幣系統在區塊部分使用了 PoW 的概念。區塊的 ID 本身就是對區塊頭的資料進行兩次 SHA256 處理的結果，只要在區塊頭中加入一個隨機亂數，並對區塊的 ID 提出要求，就可以在系統中加入 PoW 體系。

一個節點在將自己收到的大量交易打包後，要想將自己的成果向其他節點傳播，就需要不停地運算，只有找到了符合條件的隨機亂數，才能透過其他節點的校驗被接受。

硬體的運算能力仍在不斷發展，如果指定的難度過小或者不變，在運算能力超過難度的情況下，這套體系就失效了。比特幣系統的解決方案是採用移動平均目標，即將區塊生成的速度定為一個平均數，根據區塊生成的速度來動態調節難度，進而保持系統的穩定。在比特幣系統中，每個區塊的平均生成時間實際是 10 分鐘，而難度調整的週期定為兩週，也就是說，每生成 2016 個區塊，會根據實際使用的時間和兩週的計劃時間來動態調整區塊的難度目標。

截至目前為止，PoW 演算法是唯一一個得到實踐驗證的共識機制，它的工作過程可以當成一種直接民主制的投票方式。設計時，為了避免按節點投票會產生部分人員控制大量節點，導致機制失效的情況出現，設計採用了運算能力投票的方式。在 PoW 演算法中，運算能力的增長是機制不失效的一個重要保證：對已經成形的區塊鏈來說，要推翻它的歷史節點，需要將指定節點往後的所有節點都重新生成一遍，而且速度必須超出主網路中鏈的增長速度，只有重新生成的鏈的長度超出了主鏈，才能替代主鏈達到取代指定節點的效果。想要比網路中生成塊的速度更快，掌握的運算能力至少要超過剩下所有運算能力的總和，這也是 51% 攻擊說法的來源。主網運算能力越大，惡意攻擊達成的難度也就越大。

但是，成也運算能力，敗也運算能力，隨著比特幣幣值的增高，個體對經濟利益的追求自然導致了運算能力的集中，尤其是普通節點被排除在外之後，

挖礦成了一個競爭越來越激烈的產業。特別是 ASIC（專用積體電路）礦機的出現，更加速了這個過程—將節點的生成工作集中在少數幾個礦池手中。因此，透過運算能力投票防止中心化的設計實際上已經失敗了。

另外，由於節點尋找正確隨機亂數的雜湊運算與區塊鏈中的交易是不相關的，因此在這個過程中消耗的資源是一種浪費，再加上目前超大量的挖礦運算能力，造成大量能源浪費也是 PoW 被人詬病的一個問題。

PoS：權益證明

隨著對 PoW 演算法的討論，2011 年左右，比特幣社群出現了 PoS（權益證明）的概念，隨後松尼·金在 2012 年 8 月發布的點點幣白皮書中首先實現了 PoS 的共識機制。

幣齡的概念最早在比特幣中提出，用於確定交易的優先權，因為幣齡長的交易確認數更多，使用時可以獲得一定的優先權，在滿足一定條件的情況下，可以免去交易的礦工手續費（該處理方式已被廢除）。在 PoS 中，幣齡的概念獲得強化，節點可以透過消耗幣齡取得利息，同時能取得一個生成區塊的優先權，大大降低生成區塊時的目標難度，可以更快地生成新的區塊。在主鏈判斷上，PoS 也引進了幣齡的處理方式，區塊中所有交易消耗的幣齡會當作區塊的得分，得分最高的區塊將被選為主鏈。

在點點幣中，PoS 的幣齡機制導致很多節點平時保持離線，它們只有在累積了一定的幣齡後，才會連入網路中取得利息，然後再次離線。這減少了網路中的節點數量，也降低了網路的安全性。因此帕維爾·瓦辛在 2014 年提出

的 PoS 2.0 中，去除了幣齡而單純計算幣的數量，這讓所有節點都需要線上保持收益。

整體來說，無論是採用 PoW 加 PoS，還是純粹使用 PoS，PoS 這種共識機制的核心在於根據持有貨幣的量和時間來發放利息與生成區塊。相對 PoW 來說，PoS 在一定程度上縮短了達成共識的時間，減少了挖礦的資源消耗，卻仍需要盡心挖礦，由於不消耗太多的運算能力，在產生分叉的時候，理性節點會在所有鏈上同時挖礦，無法妥善地因應分叉情況。

DPoS：委託權益證明

「有別於比特幣特定的共識機制，DPoS（委託權益證明）有一個內建的股權人即時投票系統，就像隨時都在召開一個永不散場的股東大會，所有股東都在這裡投票參與公司的決策。與比特幣相比，比特股系統的投票權牢牢掌握在股東而不是雇員手裡。」加密貨幣作家、投資者馬克斯・賴特這麼說。[3]

DPoS 這種共識演算法最早運用在 2014 年 8 月發布的比特股中。就像前文引述的內容，透過所有線上節點，先選出一個「董事會」，然後「董事會」成員使用見證人機制來解決中心化問題。在比特股中，所有節點透過即時投票產生一組固定數量的受託節點，這些節點擁有產出區塊並添加到區塊鏈上的權利。而且，每一輪節點生成後，都由這組受託節點以隨機順序輪流簽署指令產生區塊，每一輪的出塊順序都不相同。受託節點惡意修改、丟棄交易或者延遲出塊的情況都是公開可見的，因此一旦出現惡意節點被選入受託節點的情況，社群可以簡單快速地投票讓它們出局。

同時，在 DPoS 的共識機制中，由於受託節點的數量有限，為了成為受託節點，參與者會彼此競爭，而且還可能會主動降低自己的收入來吸引選票，甚至使用自己的收入進行拉票。這樣一來，這些節點參與者在維護網路安全的同時，會用各種方式為比特股持有者創造價值。這種情況在同樣採用 DPoS 的 EOS（為商用分散式應用設計的一款區塊鏈作業系統）中已經出現。

和其他共識機制相比，DPoS 大幅減少了記帳和驗證節點的數量，因此可以更快達成共識。對節點的硬體條件提出更高的要求，可以大幅加快交易的確認速度。相對來說，DPoS 的中心化程度更高，而且實際上出現了節點不同權的情況，這些擁有出塊權的超級節點在網路上是公開的，所以和中心化的系統帶來的問題一樣，這些超級節點更容易受到網路攻擊，因而反過來要求這些節點必須擁有足夠的技術支撐能力和足夠的運算能力，否則很容易因為自身的問題影響網路的穩定性。

至於投票環節，在實際生活中參與投票需要消耗時間和精力，甚至需要擁有一定的技術水準，導致一般使用者很少會去參與投票。投票過程形同虛設，造成了大量持幣者之間的競爭。如果出現惡意節點，且社群投票無法及時剔除這些節點，自動投票就需要事先判斷出所有惡意行為，並將投票權利完全委託給超級節點。

PBFT：實用拜占庭容錯

PBFT 演算法在 1999 年提出，是一種基於訊息傳遞的一致性演算法，它只適用於一些特定場景，演算法可以透過三個階段達成一致性，但是過程中可能會失敗，導致重複進行。

PBFT 演算法要求參與的節點必須是確定的——給予相同的狀態和參數，操作執行的結果必須相同，而且所有節點要從相同的狀態開始執行。由於在達成一致性的過程中，訊息需要被多次傳輸，所以在節點過多時，會大大增加網路的壓力，演算法的效率也會大幅降低。

演算法的執行過程如下：

（1）用戶端向主節點發送呼叫服務的請求；

（2）主節點將該請求透過廣播發送給其他副本；

（3）所有副本都執行請求，並將執行的結果返回給用戶端；

（4）用戶端需要等待超過 1/3 的不同副本節點發回相同結果後，將該結果當作整個操作的結果。

在安全性方面，為了保證服務的一致性，系統要求失效節點的數量不能超過（$n-1$）/3，對於失效和惡意節點，系統透過訪問控制來審核用戶端並阻止越權操作。

整體來說，PBFT 演算法的共識高效快速，而且各節點的安全性和穩定性由業務方保證，系統可以脫離通證來運作。由於所有節點需要提前確定並且聯通，加上會消耗網路效能，因此不適用於節點太多的場景。

各種共識演算法都有自己的適用場景。因此在實際應用中，比較好的做法是將共識演算法部分模組化，根據不同的應用場景自由選擇共識機制，才能真正達到最佳化。

區塊鏈的技術簡史

1. 1976 年－區塊鏈元年，惠特菲爾德·迪菲、馬丁·赫爾曼兩位密碼學大師發表了論文「密碼學的新方向」。

在「密碼學的新方向」這篇論文中，兩位大師首次提出了公鑰加密協議與數位簽章的概念，這兩個概念就是現代網際網路廣泛使用的加密協議之基石。在同一年，另一位學者弗里德里希·馮·哈耶克出版了專著《貨幣的非國家化》，書中提出了一個革命性建議：「廢除中央銀行制度，允許私人發行貨幣，並自由競爭，這個競爭過程將會發現最好的貨幣。」密碼學貨幣新時代就此開啟。[4]

2. 1977 年，RSA 演算法誕生，三位發明人也因此在 2002 年獲得圖靈獎。

RSA 演算法是目前最具影響力的公鑰加密演算法，它能夠抵抗到目前為止已知的所有密碼攻擊，已被國際標準化組織推薦為公鑰資料加密標準。[5]

3. 1980 年，拉爾夫·默克勒提出默克爾樹的資料結構和相對應的演算法，用於分散式網路中的資料同步正確性校驗。

默克爾樹資料結構可以大幅縮減資料量，如雜湊值為 32 個位元組，一筆交易需要 300 ～ 400 個位元組來儲存，而大量的交易訊息會導致區塊鏈網路的交易結算速度變慢。默克爾樹資料結構在不改變區塊連結構的密碼學安全性和完整性的前提下，只保留這個交易的雜湊值，而單獨的交易訊息則不上傳。

4. 1982 年，萊斯利‧蘭波特提出拜占庭將軍問題，代表分散式計算的可靠性理論和實踐進入了賁質性階段。

系統節點間的識別其實就是點對點通訊中的基本問題：如何在有著訊息遺失的不可靠通道上，透過訊息傳遞的方式達成一致性？對於這個問題，萊斯利‧蘭波特等人在 1982 年提出一個具體的描述：拜占庭將軍問題。同年，戴維‧喬姆發明了不可追蹤的密碼學網路支付系統，而這就是今天比特幣的「始祖」。[7]

5. 1985 年，尼爾‧科布利茨和維克托‧米勒各自獨立提出了著名的 ECC（橢圓曲線加密）演算法。

ECC 演算法在密碼學中的運用是在 1985 年由尼爾‧科布利茨和維克托‧米勒分別獨立提出的。它的主要優勢是，在某些特定情況下，可以比其他方法使用更小的金鑰，提供相當或更高等級的安全性。同時，ECC 演算法還可以定義群之間的雙線性映射。ECC 演算法的出現意味著非對稱加密體系真正走向了實用階段，代表現代密碼學的理論和技術基礎已經完全確立。

6. 1997 年，第一代 PoW 演算法─雜湊現金方法出現。

雜湊現金使用的不是 RSA 演算法，而是一種叫「雜湊的運算過程」，用到的演算法叫「SHA 演算法」。

發明之初，它主要用於反垃圾郵件，原理是使用者需要做大量的工作，解決一個數學難題。換句話說，就是使用者需要付出中央處理器的計算代價，得到正確的結果後，才能取得某些資源。

7. 1998 年，戴維、尼克·薩博同時提出密碼學貨幣的概念。

戴維是一名興趣廣泛的密碼學家，在 1998 年發明了匿名的、分散式的電子加密貨幣系統 B 幣。B 幣被稱為比特幣的精神先驅，強調點對點的交易和不可更改的交易記錄。中本聰發明比特幣的時候，借鑑了很多戴維的設計，和戴維也有很多郵件交流。尼克·薩博發明了位元金，提出 PoW 機制，使用者透過競爭解決數學難題，將解答的結果用加密演算法串聯在一起公開發布，建構出一個產權認證系統。[8]

8. 1999 年，點對點網路資源共享先驅納普斯特上線。

納普斯特是一款讓使用者可以在網路下載自己想要的音樂文件之軟體名稱。它的設計模式與區塊網路有著異曲同工之妙，它能夠讓自己的機器成為一台伺服器，為其他使用者提供下載。在網路上有關納普斯特網路的描述這樣寫道：「納普斯特本身並不提供音樂文件的下載，實際上它提供的是整個納普斯特網路中的音樂文件『目錄』，而音樂文件分布在網路中的每一台機器上，隨時供你選擇取用，每次下載都是直接連到另一台機器。」[9]

9. 2001 年，布拉姆·科恩發布位元流。

位元流是用於對等網路中文件分享的網路協議程式。和點對點的協議程式不同，它是使用者群對使用者群的協議程式。

「位元流下載的特點是，下載的人越多，提供的頻寬越多，下載速度就越快。同時，擁有完整文件的使用者也會越來越多，使文件的『壽命』不斷被

延長。」同年，NSA 發布了 SHA2 系列演算法，其中包括比特幣最終採用的雜湊演算法 SHA256。

10. 2003 年，海倫娜‧漢德舒和亨利‧吉爾伯特利用沙博－茹攻擊，理論上得到了 SHA256 的一個部分碰撞，並證明 SHA 可以抵禦沙博－茹攻擊。

在 1998 年舉行的第 18 屆國際密碼學年會上，弗洛朗‧沙博和安托萬‧茹對 SHA0 進行了攻擊，發現碰撞的次數為 261 次，少於相同大小的理想雜湊函數的 280 次。2004 年，伊萊‧比哈和拉菲‧陳發現了 SHA0 的近似碰撞，在訊息值幾乎相同的情況下，160 位中的 142 位是相等的。同時，他們還發現 SHA0 的全部碰撞減少到 80 發中的 62 次。這在一定程度上證明了 SHA 可以抵禦沙博－茹攻擊。

11. 2008 年 11 月，中本聰發表白皮書「比特幣：一種點對點的電子現金系統」，提出區塊鏈的資料結構。

2008 年，中本聰在網際網路上一個討論訊息加密的郵件組中，發表了白皮書「比特幣：一種點對點的電子現金系統」，勾勒了比特幣系統的基本框架。2009 年 1 月，比特幣網路正式上線，第一個版本開源用戶端發表，中本聰挖出創世區塊第一筆 50 個比特幣。

12. 2010 年 9 月，世界上最早的礦池「斯盧奇池（Slush Pool）」發明了多個節點合作挖礦的方式，並挖出了首個區塊，成為比特幣挖礦行業的開端。

斯盧奇池隸屬於位於捷克首都布拉格的 SatoshiLabs，除斯盧奇池以外，還包括比特幣硬體錢包和可以查詢支援比特幣支付商家的工具。之後，越來越

多的礦池和機構加入比特幣網路中，到 2016 年 1 月，比特幣的全網雜湊值超過了每秒 100 萬兆次，成為挖礦運算能力的一個全新里程碑。

13. 2011 年 4 月，發布了比特幣官方有正式記載的第一個版本 0.3.21。

0.3.21 支援 UPnP（通用即插即用），實現了日常使用的點對點軟體能力，同時，在這個版本中，比特幣節點最小單位由 0.01 比特幣的「分」轉為小數點後 8 位的「聰」。比特幣系統逐漸成熟，從極客們的玩物向市場化邁進。

14. 2013 年 5 月，第一台比特幣 ATM（自動櫃員機）在美國加利福尼亞州聖地牙哥誕生。

比特幣 ATM 公司是一家位於美國加利福尼亞州聖地牙哥的創業公司，公司創始人及比特幣 ATM 發明人是托德・貝瑟爾。2013 年 5 月，該公司研發的比特幣 ATM 在聖地牙哥亮相。該公司也是第一家將比特幣 ATM 商業化營運的公司。

15. 2013 年 11 月，維塔利克・布特林發起以太坊項目。

2013 年 11 月，創始人維塔利克・布特林為了建立一個內建的程式語言，提出了以太坊核心理念的初始想法。2013 年 12 月，維塔利克私下發布了原始的概念白皮書。之後，出乎意料之外地吸引進大量的愛好者，該項目第一次擴充，具體化成一個獨立的塊鏈。2015 年 7 月，以太坊發布第一個正式版本——Frontier（前沿）階段版本，這代表著以太坊正式執行。2016 年 6 月，以太坊硬分叉，以太經典和以太坊並行。2017 年，以太坊正式發布 Metropolis（大都市）階段版本，它將是 PoW 的最後一個階段。

第 4 章

設計篇

通證是基於固有和內在的價值而產生

大公司紛紛布局區塊鏈領域，包括 ebay、美國娛樂與體育節目電視網、Uber、騰訊、阿里巴巴、小米、迅雷、京東等。區塊鏈新聞網站 CoinDesk 的資料顯示，德勤已經在區塊鏈領域雇用了超過 800 人，IBM（國際商業機器公司）展開了 400 多個區塊鏈項目，在區塊鏈領域的員工從 400 人增至 1,600 人。區塊鏈在全球範圍內的票據、證券、保險、供應鏈、存證、溯源、智慧財產權等十幾個領域都有了 PoC（容量證明）的成功案例。

說起區塊鏈技術，就離不開其內在的「理論核心」通證經濟模型的設計，本章我們將從「區塊鏈系統可以沒有通證嗎？」、「有通證的區塊鏈系統將如何執行？」、「如何設計一個合理的通證經濟制度？」等問題出發，詮釋通證經濟在區塊鏈系統中的理論實踐。

那麼，我們如何衡量一個制度設計的好壞呢？如果一個制度能讓參與者透過多次博弈後達到均衡狀態，我們就稱之為好制度；如果一個制度總是讓參與者互相博弈，卻始終無法形成穩定的均衡，我們就稱之為壞制度。通證經濟系統的設計就是創造一個小型生態的規則制度，在既定的規則設計之下，形成設計者所希望的秩序，例如強調自由、激勵、交換、個體。如果設計錯了，代價將會很大。因此，我們需要謹慎對待通證經濟的底層制度設計。

區塊鏈系統可以沒有通證嗎

簡單來說，區塊鏈技術可以不發行通證並實現區塊鏈獨有的優越性。在中央電視台財經頻道的專題報導「三問區塊鏈」中，就提到了不發行通證的區塊鏈系統實施的可能性。在某種程度上，不發行通證的區塊鏈應用是一種各方權力博弈後的結果，但是仍然在一定程度上發揮了區塊鏈作為分散式帳本的優越性。

這主要是由於通證經濟目前還處於新興概念階段，人們很難直接定義將來通證經濟的發展路徑。但是區塊鏈的技術又是具有變革意義的，所以人們進行了相對應的探索。與發行通證的區塊鏈應用相比，只有區塊鏈的經濟系統不能發揮通證的激勵作用，也就是說，它因不能邁入共享經濟的大門，而無法充分發揮通證經濟最顯著的優越性。

只有區塊鏈的經濟系統本質上是一條聯盟鏈,例如超級帳本、國際區塊鏈聯盟 R3 等都屬於聯盟鏈。在「三問區塊鏈」中提到的仲裁區塊鏈也屬於聯盟鏈,在該聯盟鏈中,仲裁機構、金融機構、第三方存證機構和企業都是超級節點,只有這些超級節點有權利在區塊鏈中輸入資料,其他普通節點只能查看資料,這也是聯盟鏈與公有鏈的區別之一。因為公有鏈是向所有人開放的,它並沒有超級節點,它以 PoW,即我們常說的「挖礦」來記帳,此時通證中的一部分就是對挖礦者的激勵。區塊鏈技術使這種不發行通證系統的各個參與方記錄全部一致,而且無法被篡改。

當金融機構或者企業有仲裁需求時,只需要發起線上請求,仲裁機構就可以根據鏈上所有參與方的共同記錄來判定。它的作用是大幅提高了仲裁效率並降低成本,因此通證的激勵作用在這個系統中似乎顯得沒那麼必要。近期,加入這次不發行通證區塊鏈測試的公司也不在少數,騰訊、阿里巴巴、百度、京東、蘇寧等企業紛紛開始布局區塊鏈技術。

2017 年 11 月，騰訊區塊鏈服務平台開始對外公測，並於 2018 年 4 月正式在騰訊官網上線。騰訊區塊鏈總經理蔡弋戈還表示，2018 年將推出供應鏈金融來解決中小微企業融資的信用問題。2017 年 3 月，支付寶的愛心捐贈平台也利用區塊鏈技術確保善款有合理去向，到 2018 年 5 月，阿里巴巴螞蟻金服技術實驗室的區塊鏈相關專利數量也達到了近 80 件。[1]

2017 年 9 月，蘇寧金融研究院也啟動了蘇寧區塊鏈中國信用狀訊息傳輸系統，開立第一筆中國信用狀業務，到 2018 年 5 月，蘇寧金融研究院已開出的中國信用狀金額達 1.3 億元。[2] 當然，沒有通證的區塊鏈畢竟是不完整的，沒有礦工的存在，各個超級節點在記帳時依然存在某些利益集團互相勾結、或者利用訊息不對等達到自身某些目的的可能性。

同時，沒有通證的激勵作用也很難保證參與各方的積極性。不過，這次試水溫的做法也無可厚非，畢竟一個新生事物從無到有再到普及，需要經歷長期且艱難的探索過程。在各項監管措施還未正式出現之前，此次網際網路機構紛紛入局，也有利於未來人才的培養、技術的研究和資金的落實，進而為區塊鏈技術在將來的發展與普及埋下種子，以期在通證經濟時代生根發芽。

有通證的區塊鏈系統如何執行

一個局部經濟體要想具有通證經濟的性質，發通證是一種必要的形式。如果把通證當作一種行為度量的單位和鼓勵懲罰的代表物，並無實際的存在形式，它將會失去意義，就像一位比特幣行業專家說道：「從制度設計上來說，不發通證，區塊鏈的魅力和威力將大打折扣。不發通證的區塊鏈，和分散式資料庫相比沒有多少優勢。」在乙太網成為區域網路的普遍協議之前，IBM曾經提出一個區域網路協議，名叫令牌環網（Token Ring Network），當時的通證是指登入驗證的令牌，這是通證發展的第一階段。[3]

通證第一階段　　　通證第二階段　　　通證第三階段

區塊鏈上的價值證明

隨著以太坊代幣標準 ERC20 的設定，使得通證進入第二個階段。在智慧合約規範的基礎上，投資者投入以太幣換取通證。在未來，當項目進行運轉時，投資者以通證作為投資憑證置換資產。通證與資產的對應關係使通證進

一步發展成為交易所直接交易資產。在通證的第二階段，通證實現了流程的自動化，同時它也成為一種募集以太幣的憑證。

通證翻譯的誕生伴隨著通證第三階段的到來。這是通證體系進一步健全的階段，此時通證的內涵也進一步擴大。有了區塊鏈數位加密技術的保駕護航，所有不可篡改的符號都可以作為通證。通證具有收益權、使用權、處置權等多種屬性，並不再局限於代幣的概念。

通證在區塊鏈上以價值證明的形態作為價值傳導體系中重要的一環，具有與區塊鏈相同的底層保證和特性。通證的概念可以擴大到能夠代表任何有價值的東西，例如傳統概念中的債券、股權、房產，同時它又可以與新型概念中的大數據、物聯網等結合。因此，通證將在經濟體系乃至社會體系中發揮更大的作用。

另外，從技術上來說，女巫攻擊促使共識機制成立，而共識機制要求資源投入及通證獎勵，激勵參與者做正確的事情，讓女巫攻擊在經濟上失效。通證是一種能夠證實我們身份的細節資料，可以讓女巫攻擊全面崩潰，進而使其失效。簡單地說，就是通證能夠證明你是自己人。

區塊鏈的根本能力與通證的「通」互為表裡。區塊鏈作為交易和流通的基石使通證具有了高效交易、流轉且安全可信的特性。

通證基於固有和內在的價值

由以上論述我們知道，如果一個系統需要具有通證經濟的性質，那麼它就需要一個通證，你可以把通證理解為「代幣」，但它並不是真的代幣。如果說幣圈是資金空轉的代表，那麼通證就是脫虛向實的代表。這兩者的不同之處在於：通證基於固有和內在的價值。

一個正常運轉的健康通證經濟生態圈是立足於實體經濟，並為實體經濟服務的。通證只有不斷被使用，才能真正實現其價格發現、價值傳遞的功能。因此，把各種權益證明通證化，並使通證在市場上交易，借助市場自動發現通證價格並傳遞價值，才是通證真正的意義所在。

以發行虛擬貨幣為目的的項目並不能稱之為通證，原因是以發行虛擬貨幣為目的的項目，其根本目的是吸收目標客戶群的款項，然後將其轉換成代幣，鮮有項目真正想要建立一個健康循環流轉的通證經濟生態圈。雖然此類項目與通證上市一樣，要經過預售、交易、流通的環節，但是此類項目在預售之前一定要經歷一個募資環節，才能繼續進行之後的三個環節，這也是其與通證最大的差別。

通證是一種流通手段，加之以信用背書和權益證明，在某種程度上可以當成一種資產證券化。當通證以單一消費者為主體時，個人層面的資產證券化是以其個人信用背書的。當一定數量的個體都將權益進行「通證化」時，通證所帶來的效益便不再只屬於個人層面，而是擴大到整個社會福利。

以通證為基礎的社群生態對協議的建立、維護、應用都意義深遠，原因在於，在這個生態裡，所有的參與者都服務於協議並共同推動協議的完成。其中，建立者在建立協議的同時，保留了一部分的通證，其概念相當於我們所說的原始股。在接下來的發展中，後來的參與者與建立者一起推動健康生態的發展，促使通證在流通使用中，實現自我的價格發現與價值增值。

網路外部性是指，網路參與者在網路中可能獲得的效用，與網路規模存在明顯的相關性。通證生態在建立階段就從社群中網羅了大量感興趣的支援者，接著透過發行通證發展目標使用者群體，使用者一方面取得通證並使用於該通證生態中，另一方面又有希望通證增值的訴求。因此，部分使用者會參與

並監督協議的開發過程，推動完成協議。整體而言，通證生態是解決網路效應的手段之一。

穩定貨幣：現實中的可能性解析

前文我們提出要保持一個獨立經濟體所發行的通證和國家法定貨幣之間的穩定關係。通證必須保持其制度穩定，它的交易僅限於獨立執行經濟體與其成員和會員。每個通證背後都印有擁有者的名字，一旦通證超出了這個界定範疇，它的價值就會失效。

USDT（泰達幣）是一種與法定貨幣掛鉤的數位貨幣，以 1：1 的比率與美元兌換。USDT 透過 Omni 層協議在比特幣區塊鏈上以代幣的形式首次發行，與其等值的美元儲備於香港 Tether 有限公司。持有人可以將 USDT 兌換成等值的法定貨幣或比特幣，且 USDT 的價格與法定貨幣永遠是對應的，對應的法定貨幣儲存量遠大於或等於 USDT 的流通量。

雖然 USDT 的創立者本身存在諸多問題，且其創立過程和目的可能並不單純，但是創立者把它與現實貨幣掛鉤的想法還是值得我們學習的。獨立的經濟體在發行通證時，不妨也試著按照一定的比率與現實中的法定貨幣掛鉤，這樣該獨立經濟體的工作人員和使用者才能信賴公司所發行的通證，這個過程的主要目的就是讓這些人明白：你在公司通證體系下所得到的獎勵和懲罰，最終都會呈現在你的銀行帳戶中。

目前通證的發展尚處於初級階段，覆蓋的場景屈指可數，且存在大量以通證、區塊鏈為噱頭的產業泡沫，想要與傳統金融資產抗衡還有很長的路要走。然而，在未來，區塊鏈資產通證化將成為經濟的一大助推器，包括網際網路、物聯網資料以及傳統自產的通證化可以確定數位資產所有權的歸屬，加速數位資產流通。

如何設計一個合理的通證經濟制度

根據學者鄒傳偉的文章「從經濟學角度理解區塊鏈」，區塊鏈技術的衝擊使制度涉及的兩個共識問題變得更加顯著，一是決策共識，二是市場共識。

首先是決策共識。它是指代群體成員發展並同意某一個對群體最有利的決策，常見於政治活動和公司治理。主要內容是，在群體總量中存在著不同的利益群體，且群體之間存在著利益衝突。總群體中又有一定的治理結構和議事規則，透過溝通和矛盾的折衷協調，形成對總群體最有利的普遍約束決策。在區塊鏈世界中，比特幣社群關於「擴大容量」的討論以及以太坊在區塊鏈項目 DAO 中被攻擊後關於分叉的討論，都可以透過決策共識理解。[4]

其次是市場共識。區塊鏈資產交易形成的均衡價格就是市場共識的體現。

此外，鄒傳偉還在文章中提到了演算法共識，諸如大家討論的 PoW 或 PoS，TPS（每秒事務處理量）的多寡，都只是為了確保分散式帳本在不同網路節點上，備份的文字是一致的，但這並不是最重要的，如果要運用區塊鏈技術真正使通證活化，改變人們的經濟狀態，那麼決策共識和市場共識是更需要解決的兩個問題。

鄒傳偉所述的這三類共識實際上可以構成一個獨立經濟體通證體系的基本框架。演算法共識是網路節點執行演算法規則的產物,決策共識是由人來制定或修改演算法規則,市場共識則是在演算法共識和決策共識的基礎上由市場機制產生。市場共識受演算法共識和決策共識的影響。[5]

根據謝平、鄒傳偉和瀏海二的研究,按照以下三個步驟可以建立[6]通證經濟制度。

以交換經濟為核心

一般通證經濟有一個交換經濟核心,裡面的其他活動圍繞著這個核心展開。交換經濟是指在既定的生產情況下,經濟主體的活動表現為把各自擁有的商品在他們之間進行交換,或者說把社會的總資源和總產品在各個經濟主體之間重新分配,以達到社會福利最大化。共享經濟存在的根源是人與人之間的資源稟賦或者社會分工不同。

邁入網際網路時代,以網際網路技術為依託,網際網路交換經濟概念也隨之應運而生。在網際網路交換經濟中,交換標的物指的是交換的物品。在這個過程中,交換的參與者即交換標的物的供給者和需求者。交換媒介一般是指法定貨幣,當然也可以是虛擬貨幣,甚至可以不具備任何貨幣特徵。

網際網路經濟的三大支柱：交換標的物以及交換媒介的所有權在供給者和需求者之間轉移；交換參與者的訊息系統，包括交換目的、交換物件、交換數量；資源配置機制，此時需要考慮參與者的稟賦、偏好，進而實現高效配對供需。

交換媒介通證化

通證化是指將網際網路交換經濟中的交換媒介取代成某一通證，先假設這個通證由某一中心主體發行和管理。這個通證應該具有六個特徵：由通證經濟所在的網路社群發行和管理，以數位的形式存在，網路社群建立了內部支付系統，被網路社群的成員普遍接受和使用，可以用來購買網路社群中的資料或實物商品，能為資料或實物商品的標價。

通證化的兩種分類：第一，當存在價格機制時，交換媒介為法定貨幣或者虛擬電子貨幣，此時可以直接將該代幣通證化，例如電子商務和共享經濟；第二，當不存在價格機制時，交換媒介不具備貨幣特徵，此時需要利用通證化導入價格機制，例如瀏覽器、搜尋引擎等。在還未通證化的情況下，網友透過入口網站、搜尋引擎免費獲得了資訊，並用他們的個人偏好等大數據訊息來交換，入口網站基於此訊息定向推送廣告給使用者。

然而，真實情況是使用者並不知道他們的資料被用在哪裡，被使用了多少，或者是否進行了公平的交易，亦即使用者被動接收了過多的廣告。而在通證化的情況下，入口網站想要利用使用者的資料需要向使用者支付一定數量的通證，使用者也可以用這些通證在入口網站購買所需資訊。導入價格機制，讓這場交易公開透明，而且使用者能掌握自我隱私資料的主導權，入口網站也可以有效匯聚市場訊息，提高資源配置效率。

區塊鏈疊加

區塊鏈疊加是指透過區塊鏈技術實現由中心主體發行和管理的通證，利用區塊鏈的分散式帳本記載相關經濟活動和交易訊息。同時，針對通證經濟生態的每一位參與者，設計出合理的獎勵機制，讓通證經濟生態真正運轉起來，實現可以持續通證經濟的循環運轉。

區塊鏈疊加顯示了區塊鏈在經濟學上的三重屬性：去中心化的支付系統、分散式帳本和激勵機制。這促使未來通證經濟的生態能夠真正實現能量、價值的傳遞傳導機制，但是在實際推行的過程中，也伴隨著複雜的交易成本和治理結構問題。

第
5
章

未來篇
科學的種子是為了人民的收穫而生長的

隨著資訊科技不斷的進步，智慧化的綜合網路遍布社會各個角落，資訊科技正在改變人類的學習方式、工作方式和娛樂方式。數位化的生產工具與消費終端廣泛應用，人類已經生活在一個被各種資訊終端包圍的社會中。資訊逐漸成為現代人類生活不可或缺的重要元素之一。[1]

本章主要將從三大方向來分析區塊鏈通證經濟的應用方向以及思考未來的變革。未來的公司會是什麼形態？區塊鏈通證將如何與政府結合？區塊鏈通證將如何幫助供給側改革和改善未來的經濟？

通證經濟與未來公司

通證經濟與區塊鏈技術如何適用於公司呢？我們先討論一個案例。假設客戶要投資一家公司，而目前分析一家公司最好的方法就是從會計帳本著手。當然，這麼做的前提是會計層級能夠真實記錄下這些交易訊息（被記錄下的會計訊息按照規則是無法更改的）。然而，回顧金融發展的歷史，很多公司會在會計帳本上做文章，它們試圖增加自己的利潤或者抹掉不良記錄。這些修改往往很隱秘，而且如果數量很少，通常不容易被政府審查出來，因為查核工作很耗時耗力。

舉例來説，安隆事件就是會計層級舞弊的結果。安隆事件始於 2001 年年初，投資機構老闆吉姆・切歐斯公開質疑安隆公司的獲利模式。如同打開了潘多拉盒子一樣，這家曾是世界上最大的電力、天然氣和電信公司之一的商業巨頭，在短短的一年內便走向傾覆。據吉姆・切歐斯分析，安隆公司的獲利率在 2000 年為 5%，到 2001 年年初就降至 2% 以下，僅僅 7% 的投資報酬率引發了投資者的懷疑，他們開始追查安隆公司真正的獲利情況。

事件開始不斷發酵，投資者對安隆公司的信任也逐漸崩塌，到了 2001 年 8 月 9 日，安隆公司的股票價格已經從 2001 年年初的每股 80 美元迅速下跌至每股 42 美元。10 月 31 日，美國證券交易委員會開始對安隆公司及其合夥公司展開正式調查。[2]

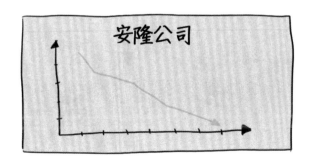

調查發現，安隆公司將高達 130 億美元的巨額債務轉嫁到其合夥公司的帳目上，因此這些巨額貸款就不會出現在安隆公司的資產負債表中。自 1997年以來，安隆公司虛報了近 6 億美元的獲利。同時，身為安隆公司財務報表的審計者，也是位列世界第一的會計師事務所安達信，既沒有透過審計發現安隆公司虛報利潤，也沒有發現其巨額債務。2001 年 12 月 2 日，安隆公司正式申請破產保護，高達 498 億美元的破產清單資產令安隆公司成為美國歷史上最大的破產企業。導入區塊鏈技術通證可以使歷史記錄無法被更改，這將會是會計層面上的一項重大突破。

那麼，在一個公司的內部職員之間發行通證，對公司有什麼好處呢？公司內部的通證可以打破公司內部的訊息不對等，大幅提高工作效率。設想一下，公司老闆會遇到哪些管理問題呢？

（1）公司規模越大，成本越高。

（2）管理公司的時間成本也很高。

（3）還會帶來人才群體風險。

這些問題背後反映的就是人才管理成本。雖然現代公司制度正在被不斷最佳化，但它始終無法深入偵測公司內部的各種個體行為。導入區塊鏈技術後，就能獲得改善。如果公司的激勵與懲罰可以透過通證直接傳達到個體身上，而且通證的激勵與懲罰能夠不斷被上傳到公司的公告欄中，那麼公司內部的人員就都能夠清楚自己同事的行為以及相對應的後果。

例如，目前公司的獎勵機制主要反映在對最終結果的獎勵上，而忽略了對過程的判斷和獎勵。一個團隊做出了很棒的業績，可能是因為有一名很厲害的技術人員，也可能是因為有一位厲害的領導者，但是最終的獎勵是對整個團隊的獎勵，老闆並不知道每名員工的分工狀態，也不曉得每名員工到底為團隊成績貢獻了多大的力量，團隊成員可以選擇合謀隱瞞，使自己的收益最大化。

倘若公司內部存在一種通證可以將工作過程標記化，每名員工所做的工作能夠以通證表示，那麼最後呈現的不僅僅是一個團隊最終的整體成果，還有每個人承擔的責任以及相對應的努力，老闆最終可以綜合結果與過程對每名員工施行相對應的獎勵和懲罰。我們把這個過程稱為「企業社群化」，即把公司轉化為一群共同通證的持有者。

既然在公司內部人員之間以及公司與客戶之間能夠建立以通證為連接的新興結構，那麼我們不禁要問，在整個經濟系統中，能否推行通證來替代貨幣呢？答案是否定的。我們如何建立通證和法定貨幣之間的聯繫呢？目前大家較常採取的是錨定方式，即規定某公司所發行的通證對應一個法定貨幣，而且該通證不能轉讓，不能交易，每個通證都有持有者的標記，該持有者必須是公司員工。

如果幣值波動太大，公司的員工就不會信任公司所發行的通證，所以取締通證交易市場是最好的辦法，因為這樣既能與虛擬貨幣的模式有所區別，又能夠發現並衡量公司的細節行為，讓大家都可以在透明的制度下辦事，提高公司的運作效率。

在通證經濟的模式下，每個公司未來都會設定一個通證部門，其作用就如同國家的中央銀行，利用調節「儲備金」的方式來確保通證的價值相對穩定。全球第一個去中心化的內容估價發布平台 U Network 的聯合創始人盧毅曾提到一個簡單的模型，這個模型分為兩個部分，一部分是股權，另一部分是通證。如果通證價格高於 1 美元，代表通證被增發了，而市場占有率增大，通證價格就會下跌。

比較麻煩的是，如果通證價格低於 1 美元，應該怎麼處理呢？公司會發一些股權給員工，員工會有利息，這就會使通證價格上升。但是我們要注意，通證價格上升的受益者僅僅是持有該通證的公司員工，有標記的通證只能在員工與公司之間流通，一旦超出這個範疇，通證的價值就會驟降為零。

目前來說，公司內部資產、交易和訊息在區塊鏈內外的互動還面臨不少技術與制度上的難題。從長期來看，這些難題會有解決方案。[3] 但是在現階段，通證經濟更適合在網際網路公司中執行處理，因為它們不需要物流，能即時交割，而且員工對公司的貢獻也很容易評估，例如誰寫了多少程式碼，某個

大型程式的程式碼是誰寫出來的，某個成功產品的基本方案是誰構思出來的，員工的貢獻各占幾成等等。利用現階段技術可以評估這些貢獻，並且能夠被通證標記。

在人才就業結構與形態方面，傳統崗位逐漸被淘汰，新的就業方式也在不斷湧現，例如自商業模式、彈性工時制、網際網路辦公等，具體表現為勞動力人口向訊息部門集中。訊息化程度較高的國家，一半以上的從業人員均為訊息從業人員。當然，就業結構與就業形態的變更也使與之對應的商業交易方式、政府管理模式、社會管理結構發生了變化。

生活方式和社會結構的電子訊息化，並不意味著現代商業活動可以突破經濟學上的不完全訊息化。經濟學上的不完全訊息化是指因認知能力的限制，人們不可能知道所有時間、所有地點發生的所有情況。

在研究經濟學的文獻中，羅納德‧科斯的論文「企業的性質」回答了兩個問題：企業為什麼會存在？企業的規模由什麼因素決定？科斯對這兩個問題的回答是市場成本論與組織成本論。

文中針對企業規模問題指出，如果企業想要擴大規模，其必要條件是企業內部組織的一筆額外交易成本等於公開市場上完成這筆交易所需的成本，或者說，等於由另一家企業組織這筆交易的成本。當企業擴大規模時，每追加一筆企業內部的額外交易，企業內部交易的邊際成本就會遞增。[4]

原因在於，企業不同於市場，沒有價格訊號，資源配置依賴於企業家的自我判斷。當內部交易增加時，生產元素在數量、類別上的配對都更加複雜，企業家判斷失誤的可能性也增加，這也就導致新增資源的使用效率逐漸降低。

也就是說，當企業內部交易增加時，企業家並不能精準地將需要的生產元素用在能讓它們價值最大化的地方。

對於工商企業對他人產生有害影響的行為，科斯在另一篇論文「社會成本問題」中做了詳盡的闡述。他提出，傳統做法中認定「應該制止對乙產生損害的甲」是有失偏頗的，這種非黑即白的做法錯誤地掩蓋了問題的本質。由於外部效應的問題具有互相性，因此如果簡單地阻止了損害乙的甲，那麼甲也會受到損害。所以，要解決的問題是允許甲損害乙，還是允許乙止損，它的核心應該是避免較重的損害，而且應當從總體和邊際的角度來認識問題。

結合企業在實際操作中的委託－代理理論，委託人不知道代理人的真實水準，只能透過一些客觀的資料（如代理人的學歷、以前的工作經歷、專業證書等）判斷所雇用的代理人能力，這些訊息在經濟學上被定義為公共訊息。但是諸如道德水準、身體狀況甚至公共訊息的真實性等私人訊息掌握在代理人自己手中，在代理人進入企業工作後，委託人只能透過他的表現印證自己之前根據資料對代理人的一些猜想。但是委託人對代理人的判斷往往是滯

後的，甚至很多時候在代理人犯了錯之後，委託人才能充分了解代理人的類型，這樣就增加了企業內部的交易成本。

同理，當一個企業存在於社會上時，它會為社會提供商品，但是人們看到的只是該企業所提供的商品，卻看不到企業背後的生產環節所帶來的所有成本，例如化工企業對水道的汙染、燒煤企業對空氣的汙染等。所以消費者僅僅是以自己的效用來衡量公司生產的產品所帶來的福利，實際上還應該以整個社會的效用函數來衡量產品帶來的福利。但是因為訊息記錄無法全面覆蓋整個企業的生產情況，所以人們沒辦法將社會效用精確地納入考量範圍。總之，電子意義上的完全訊息化並不能實現經濟意義上的完全訊息化。

區塊鏈技術的出現，使得分散式記帳成為現實，在全網公開的情況下，鏈的參與者可以共享訊息，讓人與人之間、公司與公司之間、政府與公司之間有一個共享訊息的空間。例如，許多媒體所宣傳的區塊鏈可以在公司之間建立一個不可篡改的分散式帳本，而且全網公開，參與的公司對區塊鏈記錄的內容有共識，能消除訊息不對等；再如，區塊鏈建立了一個人人平等的民主社群，無須信任，能在去中心化的情況下支援很多交易活動。[5] 所以區塊鏈能夠大幅降低企業與企業以及個人與個人之間的訊息成本。

同理，在一家公司內部，企業家可以充分參考其公司內部發行通證的獎懲情況，觀察員工是否按照公司的規章制度來工作，是否積極地為公司創造效益而不是搭便車，然後再根據相對應的統計結果，對內部人員進行調整，進而提高整個企業的工作效率。有人建議在國際電子匯款中使用區塊鏈技術，現在的國際資金轉帳往往需要幾個工作日才能入帳，如果使用區塊鏈技術，就能在很短的時間內完成這個過程，因為整個過程涉及的僅是帳本的改變，並不會形成在途資金。

林肯在 1863 年的一場演講中提出「政府應該為民所有、為民所治、為民所享」。現在，政府可以透過在區塊鏈背景下所誕生的通證造福於民。「區塊鏈革命」曾提到一個叫作愛沙尼亞共和國的地方，它於 1991 年從蘇聯重新獨立出來時，抓住機會，徹底思考政府的角色，並重新設計其運作方式、提供的服務和透過網際網路技術達成目標的途徑。如今愛沙尼亞被公認為數位政府的世界領導者。

在愛沙尼亞的數位政府模式中，有幾種模式值得我們借鑑學習。

到 2012 年，90% 的愛沙尼亞人都擁有了自己的數位身分證。這種數位身分證可以適用於政府服務系統，並且能在歐盟內通行。

嵌入身分證裡的晶片含有持卡人的基本訊息以及兩個證明，其中一個用來驗證身份，另一個用來提供數位簽章，還有一個由持卡人自己選擇的個人身份識別號碼（PIN）。[7] 這就好比政府把身分證變成了電子通證的一種形式。在未來，各個縣市政府可以向每個縣市新出生的人口發行特有的身份通證，實現人口資料電子化。

愛沙尼亞的數位身分證可以用於電子投票、申報稅務、申請社保、取得公共交通和銀行服務。這個過程並不需要使用銀行卡或捷運卡。愛沙尼亞人也可以用手機上的移動身分證來做這些事。在 2013 年愛沙尼亞人提出的稅務申報中，超過 95% 的人使用的申報方式是電子方式，超過 98% 的銀行交易是在網路上操作。學生和學生家長用電子學校來追蹤作業、課程、分數，並與教師共同合作。

愛沙尼亞為每個公民把來自各個管道的各式各樣健康訊息即時整合進一個單一記錄之中，這些記錄並沒有單獨儲存在一個單一的資料庫裡。每個愛沙尼亞人都有獨家訪問權來查閱自己的記錄，也有權決定哪位醫生或家人能夠上網查閱這些資料。另外，自 2005 年以來，公民能以電子投票的方式來選舉。愛沙尼亞人使用他們的身分證或移動身份，能在世界上任何地方登入系統並進行投票。[8]

在 2011 年的議會選舉中，有 25% 的公民投票來自網路，而上次議會選舉的網路投票率只有 5.5%，由此可以看出愛沙尼亞的公民逐漸適應了用這個系統進行投票。愛沙尼亞人的電子土地登記冊是從不動產市場轉型而來，它把土地轉讓的時間從三個月縮短至一週多。

在過去幾年之間，愛沙尼亞已經啟動了「電子居住」計劃，世界上任何人均可申請一個「跨國數位身份」並進行驗證，以此獲得安全的服務，以及用數位化方式加密、核實並簽署文件。[9] 全球任何地方的企業家均能在 20 分鐘內線上註冊公司，並線上管理該公司。我們可以從愛沙尼亞的模式看出，電子化通證可以大幅提高政府管理所屬地人民的效率，人們可以很方便地用電子通證來辦理各種事務，而不需要通過煩瑣的驗證。

這就是通證經濟管理的切入點，區塊鏈的特性讓政府管理能夠實現高層級的目標。

權利透明：所有公民都有權利透過投票平等地參與政府事務。同時，成功競選的人有義務也必須盡可能公平公正地處理政府事務，因為他所做的每個決定都是公開透明的，會受到全社會的監督。公民的通證身份認證使他們承擔了更多社群責任——他們從每年的民意大會中得到訊息並記錄在公民個人的通證訊息中。以區塊鏈技術為平台，政府行為還可以透過公共記錄的形式記載到區塊鏈的公開帳本上，這將有助於在更廣泛的層面達成共識。

可靠安全性：每個人都平等地享受電子通證的合法保護。通證經濟時代能夠真正實現人人平等且不受歧視，因為所有的事件都會被以不可篡改的形式記入電子通證中，並對每個人的未來產生深遠影響。執法者與犯法者的所有證據都不會遺失，可以在區塊鏈的記錄上追蹤到。

強大的包容性：使用通證身份，公民可以參與各類社會事件，並從別人那裡了解更多知識。透過區塊鏈，系統可以降低成本，提高效率，讓所有公民都參與。法律面前人人平等，公民可以平等地享受公共服務（如醫療和教育）及社會保障，同時法律也保證了大家都要對自己的行為負責。

細分的價值：個人通證必須具有價值。系統必須為所有利益相關者設定激勵機制，要對公民而非大資本負責，並適當使用稅收。政府的運作模式是透過技術達到更高的績效、更良好的運作以及更低的成本。

如果未來物聯網技術出現了較大的進步，那麼在區塊鏈帳本上就可以記錄智慧裝置，進而進行資產的生命週期管理，包括大樓、工作與會議區域、車隊、電腦以及其他裝置。政府雇員快速配對供應與需求，還能透過自動化訪問、採光和溫度控制降低安全性、維護以及能源的成本，並追蹤政府車輛的地點、維修情況和效能，同時觀測橋梁、軌道和隧道的安全問題。

在基礎設施管理、能源、廢棄品和水資源管理、環境監控和應急服務、教育、醫療等領域，公共帳本還能帶來更好的公共成果。除了提高效率，這些基於區塊鏈的應用程式也能加強公共安全與健康，紓解交通堵塞情況，減少能源消耗和能源浪費（例如管道洩漏）。

多價值標準衡量個體行為的國家治理

個體行為與群體行為是相對的。從一般意義上來說，個體行為是指在一定的思想認識、情感、意志和信念的支配下，個體所採取符合或不符合一定規範的行動。[10]

一般來說，個體行為具有以下特徵：

（1）主動性：個體行為受其本人主觀意識支配，不存在盲目性和偶然性，儘管行為者可能並沒有主觀思考過行為原因，但是他的行為仍然受到自我意識控制；

（2）自發性：個體行為受內在意識自發產生，外在環境可能影響行為的強度與方向，但不會驅使個體行為的產生；

（3）因果性：個體行為的產生是一個結果，因而存在一個驅動個體行為的原因，同時該行為也可能是促使下一個行為產生的原因；

（4）可變性：個體行為不是一成不變的，它隨著個人的目的、環境的變化而改變，因為人們會選擇最有利的方式達成個人目標；

（5）持久性：個體行為是有目的性的，在未達成目的之前，它可能持續發展下去。

群體行為決定著個體行為的方向，個體行為是群體行為的呈現，所以控制好個體行為的方向才能更適當地指導群體行為的方向。國家治理中有一個很重要的重點是「維穩政治」，「維穩政治」的概念對國家來說是一種對於群體行

為的感知與判斷，而要掌控群體社會的衝突現象，則需要對個體行為有適當的認知。在這個環節裡，法律是一種重要的手段，具有明示作用，並以法律法規條文的形式明確告知公民，什麼是可以做的，什麼是不可以做的，哪些行為是合法的，哪些行為是非法的，違法者將要受到何種制裁等等。然而，很多法律的制定無法推進到道德底線，這是法律的局限之處。對於個體行為的治理，如果能夠找到一個指標，從道德層面對人的行為加以約束，就能順利建構個體行為的道德約束。

在未來，地方政府可能會向市民發放一種「優良」市民積分，用於衡量市民的社會行為。原因在於，現代社會需要多元價值標準來指導公民行為，儘管對於某些嚴令禁止的行為，法律條例中有明確規定，但是在道德、文明或者信用層面，公民行為完全依賴人們自身的衡量標準。正如世界上沒有兩片完全相同的樹葉一樣，人們心中的「標準」也存在著相當大的差異，這與財富、知識、社會地位無關。例如，對一個危險駕駛的富豪而言，如果對他的處罰方式僅只是罰款，他可能完全不在乎而依舊我行我素。

通證經濟時代的產物之一，就是各種價值標準的通證化。例如，如果一個富豪的駕駛通證很低，他可能很難購買到一輛大排氣量的豪華汽車，同時由於區塊鏈的不可篡改性，富豪也不可能透過錢財提升自己的駕駛通證以及獲得購買此車的權利，這對於社會管理的意義重大。在未來，將可能成為社會治理的一個里程碑。

這個積分制度反映的思想就是透過發行有價值的通證，並制定相對應的通證流轉分配制度，懲惡揚善。因此，通證經濟系統設計就是整個產業生態的根本制度，[11] 而制度設計最重視的本質物件是微觀個體本身：制度設計完成後，能不能按照設計者所設想的路徑變換？中間牽涉的過程是非常複雜的，這也是歷史上很多政策設計原本立意良善，到後來卻變調的原因—管理者沒有協調好操作層面的一些突發矛盾。

正如錢穆所說：「某一項制度之逐漸創始而臻於成熟，在當時必有種種人事需要，逐漸在醞釀，又必有種種用意，來創設此制度。這些在當時未必盡為人所知，一到後世，則更少人知道。但任何一制度之創立，必然有其外在的需要，必然有其內在的用意，則是斷無可疑的。」[12]

對政府來說，在通證經濟治理的背景下，如果每個人都將自己的房產、股票、工資、收入、契約、證書等有價值的內容上傳到政府建構的通證平台上，後台設施會將所有資料都如實存檔，政府很容易對其實施監管。

例如，未來我們的智慧合約將與個人聲譽綁定，政府基於區塊鏈網路對誠信通證化。此時，缺乏誠信的賣家、買家將被限制交易。由於區塊鏈可以同時從內部、外部提供保護，防止篡改，人們無法隨意更改過去的交易記錄或者政府記錄，因此該資料具有很高的可信度。

這樣一來，奸商就知道對市場、對客戶誠實才是自己的最佳選擇，這能明顯提升整個社會的福利效應。

經濟學上有一個關於次級品問題與逆向選擇的著名例子：如果你買了一輛車，你才駕駛了幾公里就想賣掉它，那麼你就不得不大幅降價，才能將其賣出。明明是新車，為什麼價格要比店裡的新車低那麼多？關於這個現象有很多相關的解釋。1970 年，喬治．阿克洛夫曾提出造成這個現象的一個根本原因是訊息不對等：二手車的車主對車子的品質擁有比潛在買主更多的訊息。出售的這輛二手車，哪怕是剛買的新車，也可能是次級品，用美國的俚語來說就是「檸檬」（Lemon）。

事實上，「按質論價」不易實現，因為人與人之間的信任很難建立，而且由於訊息不對等，交易並不透明。當一方「猜質給價」而另一方「按價供質」時，交易物品的品質只會越來越差。開誠相見是上策，但是開誠相見需要合理的機制。這個機制能夠消除交易市場上的私人訊息，消除交易市場上逆向選擇的來源。在區塊鏈背景下的通證經濟，其最大的優勢就是可以盡可能消除交易市場上的私人訊息，防止逆向選擇導致的市場萎縮。

讓政府實施的政策更高效、更透明、更公開

由於運用了分散式儲存管理技術，政府管理體系下的通證經濟能夠大幅改善政府工作的方法和管理方式。政府可以節約時間並且精簡機構中的冗餘部分、減少貪汙腐敗。為什麼能達到這種效果呢？

因為通證能賦予公民權利，讓公民可以真正按照自己的想法，參與公共政策的制定。透過通證，我們能在政府管理和公民選擇中找到平衡點。因為它既能良好地管理政府的赤字，又能履行政府的責任，滿足了個體和群體的需求。有些學者甚至還想進一步讓公民參與政府預算的管理。

當政府掌握每個居民的生活標準（收入、資產、孩子的數量和年齡、住房類型、教育水平等）時，就會對居民進行分類，為他們制訂相對應的福利規劃，而公民可以在政府的福利規劃中發表自己的意見，提供給政府參考，這是一個非常民主的過程。最後，公民可以根據政府為他們制訂的福利規劃，再按照自己的實際情況進行預算分配，實現個體效用最大化。

政策的影響力透過區塊鏈的點對點網路散布開來，將達到更高層次的效率化、均勻性、實用性和信任度。公開的政策實施資料是對確保資料準確性的激勵。人們可瀏覽資料，當發現錯誤或者能夠證明資料已被篡改或毀壞時，他們可做出標記，這就是通證經濟背後的政治治理機制。自上而下的政策傳導往往因各種傳導途徑不通而導致實施效果扭曲，有了區塊鏈技術的支援，政策實施不僅能自上而下被觀察得更加透徹，還能觀察同一水準上的政策對不同人群的影響。有了這些可靠的資料，就能產生可觀的社會治理經驗，公民也能用更多的權利來改善生活。

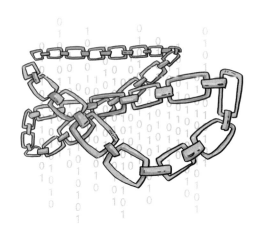

所以，區塊鏈背後的通證經濟可以幫助我們實現未來的共產主義。

第一，區塊鏈可以實現供給側結構性改革。

供給側結構性改革的原因在於，在傳統經濟學的概念裡，推動需求的「三駕馬車」分別為消費、出口與投資，然而產能過剩、債台高築加上大量的房市庫存，導致僅僅依靠需求推動經濟的收效甚微。就好比一個做蛋糕的企業，為了增加銷量，生產了大量的同質蛋糕，但是消費者不願意購買這種蛋糕。供給側改革就是從以量取勝轉變為以質取勝，即企業生產許多不同種類的蛋糕來滿足不同需求，消費者自然會根據自己的喜好去購買蛋糕。在一個健康的通證生態裡，通證的供給是市場化、自由化的，而且在區塊鏈上執行的通證是隨時可以驗證、追溯、交換的，這也就意味著它具有高度的安全性、可信性和可靠性。因此，通證經濟時代可以滿足多樣化的交易需求，推動自商業的進一步發展，為消費者提供更多樣化的產品選擇，進而推動經濟成長。

第二，個人通證的流通速度加快。

根據歐文‧費雪的理論，在實體經濟時代，貨幣流通速度與經濟增長率有著密切的關係。當經濟高速成長時，貨幣流通速度加快。在網際網路經濟時代，網路流量也成了衡量國家、地區發達程度的重要指標。在未來的通證經濟時代，通證的流通速度也可能成為衡量經濟發展水準的指標。原因在於，有了區塊鏈技術的加持，通證將比實體經濟乃至網際網路經濟時代的卡券、積分、票據、資產流轉得更快，加上密碼學的應用，通證經濟時代的交易將更可靠，進一步降低糾紛和摩擦的可能性，顯著提高了經濟效率。當個人、組織乃至國家的通證飛速流通、交易的時候，人們的生產生活方式將更加便捷、更有效率。

第三，通證的價格發現機制更加敏銳。

與傳統經濟時代相比，在區塊鏈上流通的通證使通證的價格發現機制更加敏銳。利用通證經濟「看不見的手」可以把有效市場推廣到每一個微觀領域中。

第四，通證經濟的應用與智慧合約息息相關。

圍繞通證的智慧合約應用是通證經濟的著陸點，也是通證經濟的創新點。在未來，通證經濟時代也許會像現在的「網際網路＋」時代一樣，「通證經濟＋」將創造無限可能。

基於這四點，通證元素是我們導向下一代網際網路新經濟的關鍵。區塊鏈背景下的通證經濟治理可以讓社會治理更加完備，呈現出高效性、多元性、廣泛性。盡可能公布交易中的私人資料，還能避免逆向選擇問題。通證經濟為真正走向共產主義提供了技術支援。

通證經濟與未來經濟

經濟存在於人們每天的生活中，經濟學主要研究如何高效率地利用勞動、資源與科技創造有價值的東西，如何滿足人們每日所需，以及如何幫助人們交換他們手中有價值的東西。現代社會中，組織各種元素的主角是國家政府，但是由於現在網路科技的發展，訊息傳播的速度越來越快，範圍越來越廣，這在某種程度上會影響現代經濟現象，其中涉及的區塊鏈技術也會逐漸滲透到我們經濟生活的各個方面，許多在以前經濟規則下所衍生的經濟交易主體，如今將會面臨一些改變。

通證經濟對現行經濟模式的潛在衝擊

根據學者鄒傳偉的研究，原先的社會中存在著有真實需求的交易行為，但是這些交易行為受制於激勵機制、交易成本或支付等方面的約束而難以有效地進行。合約設計中的激勵契約是一個值得關注的重點。如果有兩個變數，其中一個變數是可度量，而另一個變數是不可度量；若提供可度量的變數給非常強的激勵，而不可度量的變數就不會有激勵。

假設教育系統中有兩個變數，大學入學考成績、上課出勤率等均為可度量的變數，創造力、文明素質等為不可度量的變數。若給予可度量的變數很強的激勵，不可度量變數的激勵水準將會非常低且容易被人們忽略。因而，需要有意識地增強不可度量變數的激勵，同時減弱可度量變數的激勵。

該理論來自本特・霍姆斯特羅姆，他表明，並不是所有的激勵都是越強越好，激勵的效果取決於變數的可度量程度以及各種不同變數所組成的激勵體

系。回到上文所述教育系統的例子，目前過高的可度量變數激勵導致不可度量變數發揮的效用越來越低，進而很難培養出具有創造力的高素質人才。

同樣的道理運用到通證經濟治理中，一個健康的通證經濟生態需要合理的通證體系設計。設計通證體系時，若把可度量變數的激勵設定得過高而忽略了不可度量變數的激勵作用，那麼社群貢獻度、營運貢獻度等不可度量的變數激勵將越來越弱，打造出來的通證經濟生態也很難健康發展。

當企業和個人的交易行為可以通證化時，最容易受到衝擊的將會是實體經濟的血液——金融。有人曾預計 2028 年銀行會被消滅，2029 年保險會被消滅，2030 年一半小國的貨幣會被消滅，雖然這是種很誇張的說法，但是在某種程度上反映了人們對於區塊鏈的擔憂。

例如，在金融穩定方面，中央銀行可能發行基於區塊鏈技術的數位貨幣來調節數位貨幣的供給量和利率。在清算體系方面，支付清算將不一定透過二級銀行帳戶體系，可以在中央銀行的資產負債表內直接進行。[13]

因此，中央銀行數位貨幣有助於剝離商業銀行在支付體系中的特殊地位，以及解決由此造成的「大而不能倒」問題。這也可能造成銀行存款的不穩定，因為老百姓可能提取銀行存款，將其換成中央銀行數位貨幣。[14] 另外，區塊鏈技術能使保險產品的種類更加豐富，原本一些無法掌握的風險，現在就可以掌握了，這樣新風險可以被量化，保險公司即可據此設計新的保險產品。

此外，根據克里斯‧伯格、辛克萊‧戴維森、賈森‧波茨的研究，對大企業來說，經營規模將會由覆蓋其業務層次的成本驅動，轉向由大規模金融投資下不完全契約和技術的必要性驅動。此商業模式的立足點在於股東資本主義是商業組織的主要形態。基於區塊鏈上更多的完全合約，企業家、股東和創業者能更良好、更全面的掌控商業公司。

過去，金融資本是商業運作的立足之本。現在，人力資本的重要性越來越顯著。未來，企業家開發的應用將直接發布到通證市場中的應聘者、雇用者乃至使用者的手中，企業家唯一需要做的就是觀察他們錢包裡累計的積分。

在通證時代，商業模式也不斷簡化。例如，設計師可以直接透過應用將作品發布到通證市場中，如果使用者對該作品感興趣，就可以直接用通證購買設計，並使用家中的 3D 印表機獲得該作品。這樣做的弊端在於顛覆商業模式破壞了公司的稅基，對政府的稅務系統是一項很大的挑戰。

目前區塊鏈距離大規模深入經濟應用還有一定的距離，例如在土地、不動產、汽車和主流金融資產等產權登記與變更。假設你身處成都，在京東下單並買了一台北京的音響，此時區塊鏈內就會出現對應的電子記錄，京東會一直緊盯著音響的快遞過程，於是區塊鏈內就出現了一系列交易記錄，一台音響從交易、運輸到付款的所有過程都被反映到區塊鏈上。如果商品有任何損壞或者品質問題，區塊鏈的協議成員都能及時收到訊息。所以，現在較多的學者認為區塊鏈更適合處理不需要物流、能即時交割的網際網路資產。如果要將區塊鏈應用在土地、不動產、汽車和主流金融資產等方面，技術仍有待突破，而且也急需建立相對應的法律法規。

生產資料和生產關係的未來變革

生產資料是人們在生產過程中所使用的勞動資料和勞動物件的總稱，是企業進行生產和擴大再生產的物質元素。[15] 生產資料涵蓋的範圍廣、品種多，因而有各式各樣的分類方法。

生產關係是指人們在物質資料生產、交換、分配和消費過程中，互相建立的社會關係。生產關係由生產力水準決定，同時又反作用於生產力，二者相輔相成，不可分割。當生產關係無法適應生產力發展時，生產關係將會成為生產力發展的阻礙，此時生產關係的變革才能帶領生產力的發展邁向新的階段。

生產關係的總和構成社會的經濟基礎。史達林把生產關係歸納如下：（1）生產資料所有制形式；（2）由所有制決定人們在生產中的地位以及他們彼此的關係；（3）以上述兩者為轉移的產品分配形式。人類社會發展史上已經出現的生產關係包括原始公社生產關係、奴隸占有制生產關係、封建主義生產關係、資本主義生產關係和社會主義生產關係等五種基本形式。[16]

區塊鏈公認的最大優點，就是增強人與人之間的信任，企業的生產活動本質就是人與人之間的互動效應。通證經濟使人們有了改變生產關係的可能性，因為它能讓生產關係更透明，生產者與生產者之間的生產資料區別性及分工清晰性更加明顯。

第一，通證使生產資料真正為個人所有。就像前文提及，目前人們可以有電子土地登記冊，可以有跨國數位身份，未來人類的每件商品或者服務都可能被通證化，即每個人在商品或者服務提供過程中的貢獻占比會明確量化。這

意味著什麼呢？未來每件商品或者服務的增值都可能同時被相對應的生產通證標記。由於儲存技術的分散性，使得資產的細化、切分變得更容易實現。每件商品和服務背後所連接的一連串個人價值貢獻是不能被統一的中心機構篡改的，所以每個人對商品的邊際貢獻價值也能清楚地記錄下來。

第二，生產成果歸勞動者所有。《孟子》裡的「勞心者治人，勞力者治於人」反映的就是社會分工。在這個基層固化的世界裡，一條明確的分配規則橫亙在基層員工與資本家之間，基層員工始終受到分配權的制約。在通證經濟中則不一樣，生產過程變成程式碼，每個節點配置了單獨的數位帳戶，每個行為都會以智慧合約的方式自動執行，這種點對點的交易模型意味著組織和個人之間的博弈高牆被推倒了，在分配上做到了去中介化，[17] 分配權被公認的程式碼取代，再也沒有主導機構直接說話。

第三，由於明確劃分了生產所得，而充分激勵了生產者的能力。在通證經濟體系下，人與人之間不再有嚴格的等級制度，每個人都是平等的節點，大家比的是自己在這個行業所累積的通證，而不是逢迎拍馬等小伎倆。這種生產關係的確立可以把工人的工作重心轉移到生產好商品和提供好服務上，再渺小的個人也有一片奮鬥空間。

每一次商業革命都是生產關係的變革，變革的工具就是每一次技術的更新。實體經濟的核心資產是以不動產為代表的有形資產，網際網路經濟的核心資產則是虛擬資料。也就是說，在網際網路社會裡，誰掌握了核心資料，誰就是贏家，而且這些資料本身已經脫離了現實世界中的生產資料所有權規則，因而有了目前網際網路巨頭的壟斷局面。

在網際網路時代，透過伺服器建立的中央資料收集處理系統是網際網路的核心所在。在區塊鏈時代，分散式儲存瓦解了網際網路的伺服器布局，使資料或者說私有財產更加碎片化，這將直接決定生產關係的變革程度。就目前而言，公司制依然是廣泛存在的重要商業模式，但區塊鏈時代的公司制將走向何方也是值得探索的。屆時，企業管理者可以從通證經濟中找到很多新的靈感。

總體經濟調控新型手段及供給側改革

傳統的總體調控政策的主要目的在於信用擴張，讓人們相信手中的錢變多了，進而去購買最新的產品和服務，刺激經濟增長。但是，傳統的經濟政策存在各式各樣的問題。

從貨幣政策來看，現代經濟學對於貨幣政策的要求是「恰恰好」，但是由於貨幣政策參照變數的滯後性，「恰恰好」的要求又恰恰特別不容易達到。中央銀行根據自己所設計的總體模型來預測未來經濟的狀態，進而判斷應該發行多少貨幣，用一個預測的數值設計未來的政策力度，這種方法本身並不準確，而且使用這種方法需要滿足完全訊息化和市場資源充分配置的兩個條件，但是這兩個條件僅出現在經濟學教科書裡。另外，中央銀行也不能控制貨幣的最終流向，例如中國人民銀行多次降準政策實施後，大部分的錢最終都流向了房地產，而不是製造業。

由此看來，如何掌握貨幣政策實施的準時性，如何掌控貨幣流動的方向，已成為當下制定貨幣政策所要面臨的核心問題。我們的設想是未來在中央銀行和各大商業銀行之間建立一個通證系統。在這個系統中，中央銀行是大老闆，其餘銀行都是員工，老闆利用通證對員工實施獎勵和懲罰，通證成為中央銀行評價各個商業銀行表現的一種工具。

如果一個商業銀行能妥善按照中央銀行的政策放出一筆貸款，最終這筆錢確實對企業發揮了積極的效果，中央銀行就可以給予該商業銀行相對應的通證獎勵。最初，所有商業銀行持有的通證是等量的，但由於管理者能力不同，通證分布逐漸差異化，最終產生一種優勝劣汰機制，促使整個銀行系統高效執行。通證既是銀行管理能力的一種評價指標，也是商業銀行與中央銀行之間溝通的信用呈現。

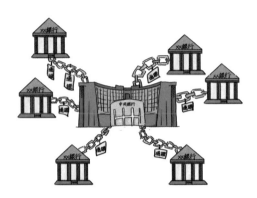

對於財政政策，其中一個重要的手段就是政府直接出資找企業購買商品或服務。政府購買支出是社會總支出的水平調節器，它是決定國民收入多寡的重要因素，且直接影響社會總需求。企業在拿到這筆錢之後，是否嚴格按照政府所提出的要求生產或提供保質保量的產品和服務成了最為關鍵的一環。大量的事實（疫苗事件、「豆腐渣」工程等）告訴我們，這最為關鍵的一環並不可靠。由於訊息不對等，企業隱瞞自己在生產過程中的違規行為，只有當其產品和服務的負面評價達到一定的極端值時，企業才會受到懲罰。

我們的構想是，在每一筆政府公共支出之間形成一個通證系統，這個通證系統連接了企業和政府，並且標記了交易雙方的各類訊息。將這個通證系統聯網，民眾可以隨時查到某次公共支出所涉及的商品和服務，並能隨時反映資金的使用情況，政府與企業也可以隨時接收這些回饋訊息。對企業而言，它所提供的商品和服務隨時都處於監督之下；對政府而言，有了可以參考的歷史依據，能客觀評估每一次財政政策使用的效果和範圍。

在一個開放經濟中，根據約瑟夫‧斯蒂格利茨的說法，當一家歐洲公司要出口一個製造機械給美國時，出口商會得到一筆美元收款，但是這筆收款可能會存在該歐洲公司的美國帳戶中，公司要收回這筆錢，必須經過一次匯兌。同樣的道理，當一個歐洲的投資商想要投資美國的企業時，他必須先兌換美元才能進行投資。這種貨幣互相兌換的過程容易受到匯率波動的影響，進而間接影響總體經濟的穩定性。斯蒂格利茨提出一個「貿易單據（trade chits）」的概念，或者可以稱之為通證。

美國每進口一次歐洲的貨物，我們就用貿易單據對這筆交易做一個記錄，並且把貿易單據存入相對應的銀行帳戶。對於所有歐洲進出口商以及投資公司來說，它們享有一個可以自由交易貿易單據的平台，在這個平台中，貿易單據和歐元的兌換價是恆定的。同理，對於美國的進出口商以及投資公司而言，它們也擁有一個可以自由交易美歐貿易單據的平台。

與貿易單據相比，匯率的一個巨大優勢是，它可以被政府控制，政府能透過穩定貿易單據的交換率，加強總體經濟的穩定性。而匯率容易受到資本流動的影響，特別是像美元這種存在「特里芬難題」的交易媒介。同時，貿易單據還可以控制貿易順差和逆差的大小。假設美國政府想讓進口額不超過出口額的 20%，政府可以發行 1.2 個貿易單據給從歐洲出口到美國的產品（1 歐元），而每一次歐洲進口美國產品（1 歐元）則需要 1 個貿易單據，沒有貿易單據便不能交易。

通證經濟為生產關係與經濟政策帶來衝擊，垂直化的管理體系可能不復存在，扁平式的管理制度在通證經濟中也許能夠走得更遠。由於透過分散式帳本能觀察到整個實施政策的過程，因而能高效執行國家的貨幣政策和財政政策。

附

錄

側鏈與跨鏈研究報告

OK 區塊鏈資本

前言

自 2008 年中本聰發布比特幣白皮書以來，區塊鏈行業的發展已將近 10 年，與底層網際網路技術及物聯網、人工智慧、雲端計算等技術相比，區塊鏈的發展時間還非常短暫。

過去 10 年間，在以比特幣為代表的 1.0 時期、以以太坊和聯盟鏈為代表的 2.0 時期，區塊鏈行業都取得了突破性的進展，尤其是從 2017 年上半年開始，基於以太坊創造的新型募資方式 ICO 的出色表現，大大刺激了區塊鏈行業泡沫的產生，也讓更多資金和創業者進入這個行業，加速了區塊鏈產業的革新發展。

2017 年 7 月～ 2018 年 6 月，新進入市場的區塊鏈項目數量總和及總市值已經達到往年歷史總和的 181.6%，區塊鏈行業受到前所未有的關注。

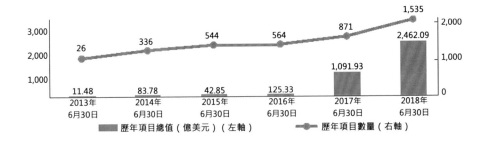

當區塊鏈行業進入快速發展的 3.0 時期時，究竟會有哪些新突破？存在何種機會？這成為目前行業最關心的話題。關於區塊鏈 3.0 概念的解讀，目前已出現多種不同的版本，業內尚未形成統一的標準。

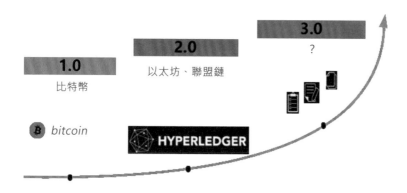

本報告透過整理區塊鏈行業歷史，研究分析其關鍵發展脈絡，從驅動區塊鏈行業的兩個核心「技術」與「經濟」出發，將「側鏈及跨鏈技術」定義為區塊鏈 3.0 的重要代表。

區塊鏈的「技術」創新主要圍繞在系統功能與效能上的擴充性。1.0 時期，比特幣系統成為可信任的分散式帳本，僅能夠達到比特幣轉帳交易等功能，TPS 為個位數；2.0 時期，以太坊加入「智慧合約」，支援圖靈完備腳本執行，開始能夠協助各式各樣的業務邏輯和商業應用，大大豐富了區塊鏈系統的功能；聯盟鏈及 DPoS 共識機制的公有鏈則實現了更高的交易效能。3.0 時期，側鏈及跨鏈技術在區塊鏈功能和效能的擴充上都發揮了非常關鍵的作用。

區塊鏈的「經濟」創新主要圍繞在數位資產、資產的交易摩擦，以及基於新資產分配方式的生產關係革新等幾個方向。從 1.0 時期發展至 2.0 時期，區塊鏈世界建立出大量的數位資產。如何大幅減少各資產間的交易摩擦，建構更大範圍的價值網路和經濟體系，根本上需依賴跨鏈技術的發展。

比特幣：國際貨幣缺錨時代裡的自由競爭貨幣

站在歷史的角度，比特幣被創造出來的時間點和 2008 年全球金融危機的爆發時間非常接近。金融危機揭示了全球金融系統的脆弱性，而比特幣為質疑這個系統的人們提供了新的選擇。

美國貨幣服務企業 Circle 的創始人傑瑞米・阿萊爾曾在部落格上描述 2008 年美國遭遇金融危機的那段時間：「那是一個非常黑暗和不確定的時刻，彷彿天都快塌了。我們所有人在那一刻都覺得我們的錢可能會消失，我們不知道錢是否還在銀行裡。整個世界對銀行和政府都失去了信任。」

事實上，1914 年第一次世界大戰爆發後，各國為了籌募龐大的軍費，紛紛發行不兌現的紙幣，禁止黃金自由輸出，金本位制度隨之告終。第二次世界大戰後建立以美元為中心的布雷頓森林體系（即金本位制度，美元與黃金掛鉤，美國承擔以官價兌換黃金的義務）也在 1976 年隨著美元危機的爆發徹底終結。至此，全球貨幣體系已然失去黃金這個最後屏障，進入無錨濫發時期。

中本聰在比特幣的創世區塊中寫下了 2009 年 1 月 3 日當天《泰晤士報》的頭版新聞標題：英國財政大臣達林被迫考慮第二次出手紓解銀行危機。這句話被中本聰的簇擁者解讀為「他對傳統銀行這種中心化的金融機構發起挑戰」。

2013 年 4 月，歐盟打著反洗錢的幌子，透過對存款人增稅的方式因應賽普勒斯的債務危機。賽普勒斯的儲戶人人自危，開始將「去中心化」的比特幣當作避險資產進行大量採購儲藏，比特幣的單價在短短幾天內就從 30 多美元飆漲至 265 美元。這次比特幣的大幅上漲，一定程度上說明了比特幣成為抗通貨膨脹的自由競爭貨幣之基礎價值。

比特幣背後所代表的經濟理念，在諾貝爾經濟學獎得主弗里德里希・哈耶克的著作《貨幣的非國家化》中得到充分的印證。哈耶克提出的革命性建議正是允許私人發行貨幣並自由競爭，因為這個競爭過程會讓最好的貨幣出現。

比特幣技術：基於分散式系統的融合技術解決方案

比特幣區塊鏈系統是在原有的分散式系統基礎上發展而來，要解決的核心問題與傳統分散式系統相同，即如何在一個由眾多不可信節點組成、可能存在壞節點的網路中達成一致性。落實到比特幣網路裡，這個問題就是如何讓眾多分散式節點共同維護好一套帳本，代替中心化機構履行記帳職能。比特幣區塊鏈基於 PoW 共識演算法設計了一套非常巧妙的融合技術解決方案，其中的關鍵機制包括 SHA256 和塊鏈式資料結構。

SHA256 是一種雜湊運算。雜湊運算通常會滿足「無論輸入多長的複雜資料。輸出的雜湊值都是固定的長度」和「從輸出無法反推輸入」等兩個基本特點。SHA256 則進一步實現「防碰撞」的安全特性，亦即很難找到兩個輸出結果相同的不同輸入。SHA256 的輸出結果能當作原輸入資料的「指紋」，快速識別原輸入資料是否被篡改。

塊鏈式資料結構是指將一段時間內的交易資料打包儲存在一個區塊（資料塊）內，區塊按照時間戳記依序排列。比特幣區塊分為區塊頭和區塊體，具體的交易訊息逐筆記錄在區塊體中，所有交易資料生成的默克勒根雜湊值以及區塊高度、父雜湊等訊息記錄在區塊頭中。記帳節點將之前哪個區塊頭的雜湊值當作父雜湊記錄下來，就會選擇連接在這個區塊的後面。在這樣的區塊鏈條中，若改動之前某個區塊的資料，區塊頭的雜湊值將無法與下一個區塊的父雜湊值配對。這意味著發動攻擊、篡改一個歷史區塊，就必須重新從此區塊開始往後建立新的鏈條。

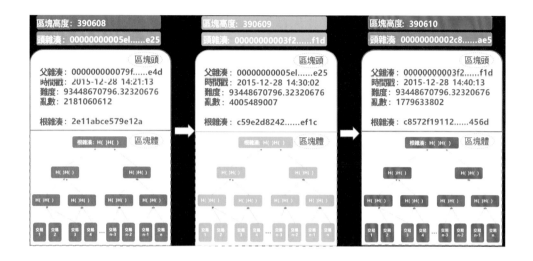

達到更充分可靠的共識和透明可信性

PoW 共識演算法和最長鏈原則

PoW 核心是指進行了最多計算工作、最先完成計算任務的記帳節點，有權建立新的區塊並獲得記帳獎勵（這些記帳節點稱作「礦工」），換句話説，建立一個區塊意味著要投入一定的運算能力，最長鏈（即運算能力投入最大、最具權威性）成為全網唯一有效的鏈條。如果想成功發起一次攻擊，就需要掌握全網一半以上的運算能力，讓建立的鏈條追趕上已有的鏈條成為最長鏈，也就是我們常説的 51% 運算能力攻擊。

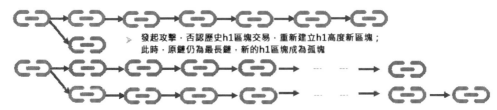

> 發起攻擊，否認歷史h1區塊交易，重新建立h1高度新區塊；
> 此時，原鏈仍為最長鏈，新的h1區塊成為孤塊

> 用於攻擊方擁有51%算力，攻擊鏈隨時間推移不斷縮小與原鏈差距：
> 到達hn高度時，超越原鏈，成為最長鏈，完成攻擊

傳統分散式網路依靠拜占庭容錯演算法來實現一致性，網路容錯率約為1/3，即作惡與失靈的壞節點數必須控制在總節點數的 1/3 以內，比特幣網路將容錯率提高到了 50%，能夠支援分散式網路容納更分散、更多數量的節點，以達到更充分的共識。比特幣網路透過為礦工記帳的行為設定運算能力成本，並將比特幣當作記帳獎勵，進而讓礦工的收益與比特幣網路的發展成為正相關。從經濟合理的原則出發，擁有越多運算能力的礦工越有維護比特幣網路安全的動力，讓自己獲得的比特幣獎勵升值，而不是去發起攻擊破壞它，進一步提升了比特幣網路的安全可靠性。

當作比特幣交易帳本的比特幣區塊鏈基於強大的共識機制，保障比特幣交易能夠被誠實地記錄且不可篡改。另外，由於比特幣用戶端是開源軟體，所以比特幣的所有工作原理均向全球開發者公開展示。沒有「陰暗的死角」，且任何人都能夠隨時下載比特幣用戶端，加入比特幣網路中，成為一個全節點，並儲存一份完整的比特幣帳本，使比特幣網路中的所有交易都能夠透明可信。不可篡改、透明可信是區塊鏈網路的核心特性。

比特幣區塊鏈系統的技術限制

比特幣用戶端為一套開源軟體,由開源社群對其進行維護升級,在其過往數次版本的升級中,大多圍繞在「擴充效能」和「擴充功能」上。

效能上的限制:效能擴充即擴容問題,比特幣的每個區塊有 1M 大小,最多能容納約 4,000 筆交易,按照平均每 10 分鐘新生成 1 個區塊計算,比特幣網路的 TPS 峰值為 7,這與中心化系統的數十萬 TPS 有著非常大的差距。

限制比特幣交易效能的兩個重要因素分別是,比特幣的區塊僅有 1M,以及平均每 10 分鐘才能算出一個合格隨機亂數建立的新區塊。比特幣社群漫長的擴容之爭主要針對區塊大小的設計方案展開。10 分鐘的延遲是為了保障由全球各地節點建構的分散式網路能夠完成充分的通訊,避免某個挖礦節點因沒有及時收到其他節點已經成功建立區塊的訊息,而繼續浪費運算能力並生成衝突的區塊,所以大幅減少出塊時間,很難有效提升交易效能。

m	輸入:0 輸出:25.0 ➡ A	
n	輸入:m【0】 輸出:20.0 ➡ B , 5.0 ➡ A	由A簽名
w	輸入:n【0】 輸出:12.0 ➡ C , 8.0 ➡ B	由B簽名
z	輸入:m【1】, w【0】 輸出:17.0 ➡ D	由A、C共同簽名

本質上，如果比特幣網路想實現充分的去中心化，就必須在充足且分散的節點中產生一致性，而控制出塊速度、降低交易效能就是必須做出的妥協。

功能上的限制：比特幣系統使用了一套基於堆疊且非常簡單的腳本語言，不支援 for 迴圈，無法訪問全域資料，能執行的程式指令非常有限，而且還受到帳戶餘額驗證的限制。比特幣腳本指令目前能夠實現的功能主要與比特幣的交易有關，多重簽名已經算是其中一項複雜的功能了。比特幣社群極其看重比特幣系統的安全穩定性，對待技術升級的態度非常保守，為了避免程式上的漏洞，一些複雜的操作碼都已經被禁用。

以太坊，「圖靈完備」的智慧合約

在以太坊的設計思想中，很重要的一點就是要解決比特幣區塊鏈功能擴充性不足的問題，這個問題的核心是以太坊虛擬機，它可以執行任意複雜演算法的編碼，也就是電腦術語中的「圖靈完備」。

如果說比特幣系統提供了一系列預先設定好的操作（僅限於比特幣交易），那麼以太坊就允許開發者按照自己的意願建立各種複雜的操作，具體是指開發各種智慧合約，因此以太坊也稱作智慧合約開發平台。

智慧合約的本質是一個由電腦自動執行的程式，程式的執行規則相當於一份合約，規定了觸發條件和執行結果。智慧合約是 20 世紀 90 年代由尼克·薩博提出的理念，它的設計目標是以最低限度依賴第三方中介，減少惡意和意外的狀況，減少欺詐損失，降低仲裁執法成本和交易成本。一直以來，因缺少可信的執行環境，而沒有實際應用智慧合約。以太坊首先看到了區塊鏈和智慧合約相結合的可能性。

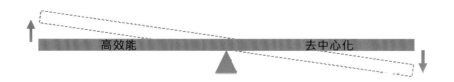

從技術角度來說，以太坊是由眾多電腦網路的節點共同執行的一個開源虛擬機（EVM）軟體，由圖靈完備的腳本語言編譯成的智慧合約程式可以在虛擬機中執行。相較於比特幣，我們可以理解為以太坊上智慧合約的建立及執行過程和比特幣交易的過程一樣，會被每個節點共同見證和記錄。比特幣礦工只需要進行簡單的轉帳交易腳本運算，而以太坊的礦工則需要承擔大量的智慧合約運算。

由於加入了圖靈完備的智慧合約功能，以太坊不僅能支援類似比特幣數位貨幣的交易功能，還可以支援一切以智慧合約來表達的業務邏輯，例如登記、託管、抵押、投票等，並能運用於各個行業。以太坊還建立了 ERC20 代幣開發標準，幫助使用者快速建立一種新的通證，大幅擴充了區塊鏈系統的應用範圍。

以太坊網路的基本執行流程

與比特幣相同，使用者透過下載以太坊用戶端生成一對公私鑰，建立一個新的帳戶。

以太坊的帳戶分為交易帳戶和智慧合約帳戶，開發者編寫智慧合約原始碼並將其編譯成以太坊虛擬機可以執行的程式碼，再透過以太坊用戶端部署到以太坊網路上，就完成了一個智慧合約。

當我們要執行一個智慧合約的時候，需要向該合約位址某個 API（應用程式介面）發起一個訊息。

以太坊網路中的礦工會透過以太坊虛擬機在他們的電腦上執行智慧合約，從技術上來說，每一次呼叫智慧合約就是對智慧合約程式進行一次新的運算，輸出新的智慧合約「狀態」。與比特幣網路相同，礦工們有互相競爭、交易、打包、建立區塊的權利，不同的是他們打包的「區塊」資料不僅包括交易轉帳訊息，而且還有以太坊智慧合約「狀態」的更新。

與比特幣網路相同，當產出一個區塊時，礦工會把這個區塊公布到網路中，其他電腦會驗證它們得到的結果，若結果相同，就添加該區塊到自己的區塊鏈上。

以太坊的使用者也和比特幣一樣，需要向網路支付一定的交易費用，不同的是，以太坊智慧合約的交易費用取決於運算智慧合約所消耗的礦工運算能力和記憶體資源，這裡的資源以「gas」作為單位：

（1）交易費用（單位：以太幣）＝ gas 數量（單位：gas）×gas 價格（單位：以太幣／ gas）；

（2）智慧合約越複雜（計算步驟的數量和類型、占用的記憶體等），就需要越多 gas 才能執行完成。

聯盟鏈及公有鏈 **DPoS** 共識機制

以太坊對比特幣 PoW 共識演算法進行了一定調整，例如壓縮了每個區塊的大小、縮短了出塊的時間，同時對沒有及時同步到訊息、挖出孤塊的節點進行補償獎勵，但是本質上仍然受到「去中心化」與「交易效能」平衡的限制，以太坊網路目前也僅能實現約 15TPS。事實上，區塊鏈系統的交易效能率先在聯盟鏈中得以大幅提升。

以太坊智慧合約開發平台的建立讓更多商業機構意識到區塊鏈技術的價值，開始進行區塊鏈技術的探索。由於大部分傳統企業具有隱私性要求，比特幣、以太坊等絕對公開透明的公有鏈無法滿足其需求，因此聯盟鏈應運而生。聯盟鏈與公有鏈的本質區別在於，公有鏈可以允許任何人加入並成為一個節點，聯盟鏈則需要授權許可。由少量經過授權許可的節點組成的聯盟鏈能夠在有信任基礎的小範圍內快速達成共識，進而大幅提升交易效能。

超級帳本是迄今最出色的聯盟鏈開發平台，它是非營利性聯盟 Linux 基金會於 2015 年發起的開源項目。其首個產品級解決方案—超級帳本 Fabric，能夠實現上千級別的 TPS。

由比特股項目首創、經過 EOS 充分發展起來的 DPoS 共識機制，則進一步提高了節點入門的門檻，當選節點依序排隊記帳，省去了節點競爭的環節，理論上能夠實現上萬級別的 TPS。

本質上，聯盟鏈及公有鏈中的 DPoS 共識機制都是透過准入機制控制了記帳節點的數量，犧牲了一定的去中心化來擴充效能。在少量節點參與共識的區塊鏈網路中，決定網路效能的將不再是節點達成一致所需的等待時間，而是單一節點的 GPU（圖形處理器）運算能力及網路頻寬。

通證經濟創造出新的權益

以太坊智慧合約開發平台及其建立的 ERC20 代幣開發標準的出現，讓任何人都可以基於以太坊建立一個分散式的應用，以及發行自訂的通證。以太坊通證與比特幣的相同點是，發行規則透明可信，並且能夠在區塊鏈網路中實現「交易即結算」的高效流通；不同點是，比特幣本身是一種新型的「數位貨幣資產」，通證則能夠代表多種類型的資產及各種不同的權益。

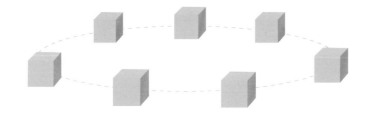

傳統商業體系能夠以積分、卡券等形式實現使用權證明，而通證化的價值主要在於增強此類權益的變現能力，進而對使用者形成更有效的激勵；對傳統

金融資產、實物資產進行配對得到通證，其價值主要在於提高資產的信用和流動性，尤其是推動資產證券化；更重要的是，利用通證創造了諸多新的權益。

人類的商業文明發展和經濟形態革新，本質上正是新的權益不斷被發掘、建立並符號化的過程，通證經濟則加速了這個過程的實現。

另外，通證經濟的核心理念在於建立一種通證持有者與通證所在的商業體系共贏關係，一切為體系建設做出貢獻的行為都能衡量價值並得到通證獎勵，包括提供運算能力及儲存等資源進行網路維護、軟體的開發升級以及創造智力成果，或優質內容吸引新的使用者、提供監督審計服務等等。這個核心理念有助於在生產資料的供給、勞動協作、成果分配等方面形成更加公平高效的機制，建構更加先進的生產關係。

複雜多樣的商業應用湧現

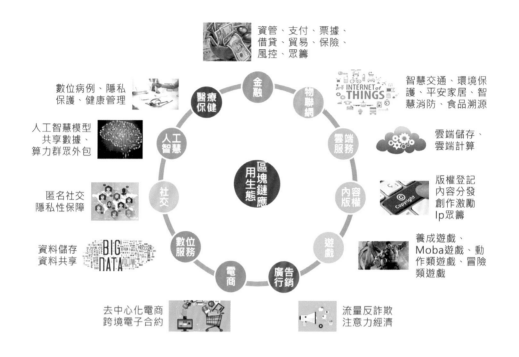

隨著以太坊智慧合約開發平台的發展及各種高效能公有鏈的出現，繼金融領域後，湧現出越來越多垂直行業的應用及公有鏈。2018 年 6 月底的資料顯示，全球市值排名前 200 的各垂直領域中，物聯網及雲端服務市值規模最大，不過僅有數十億美元。

側鏈及跨鏈技術的必要性

隨著區塊鏈技術和經濟的不斷發展，各行各業對側鏈及跨鏈解決方案提出了明顯的訴求，具體可以表現在以下幾個方面。

（1）區塊鏈技術：效能上的擴充性

區塊鏈系統從基於 PoW 的比特幣、以太坊網路發展到基於 PBFT 及 DPoS 共識演算法的聯盟鏈與公有鏈網路，雖然讓 TPS 從個位數大幅提升到上萬，卻付出了犧牲一定「去中心化」的代價，並不符合區塊鏈系統的核心理念。

閃電網路等「側鏈」方案以及建立多個子鏈分片共識的類「跨鏈」方案，為區塊鏈系統效能上的擴充帶來新的概念，可望在保持去中心化理念的基礎上，大幅提升區塊鏈交易效能。

（2）區塊鏈技術：功能上的擴充性

隨著智慧合約開發平台逐漸變得豐富與完善，大量複雜的垂直公有鏈及商業應用湧現，並形成眾多獨立的基礎設施及業務體系，例如去中心化儲存、去中心化身份認證、去中心化雲端計算、去中心化資產管理、去中心化電商等，但是目前的區塊鏈都是一個個封閉獨立的業務體系。

參考網際網路各業務體系的合作，例如整合各種企業級服務的辦公平台「釘釘」，透過微信開放介面以微信帳號一鍵登入多個第三方應用，從一個網頁或者 App（應用程式）介面跳轉至另一個網頁或者 App 介面，這些功能在目前的區塊鏈商業體系中都無法實現，限制了區塊鏈業務體系發展的可能性。如果能實現跨鏈方案，一個去中心化資管區塊鏈就能呼叫另一個去中心化身份認證區塊鏈的智慧合約，進而收集借貸人的微信資料，這些將大幅擴大了區塊鏈能夠支援的業務場景。

（3）區塊鏈經濟：提高流動性

按照跨鏈技術搭建去中心化交易所，能夠進一步減少資產交易摩擦，提高流動性，成為中心化交易所的有效輔助手段。

側鏈及跨鏈技術的概念

側鏈的概念是相對於主鏈而言。當主鏈的效能出現瓶頸、或者某些功能無法擴充的時候，資產就可以轉移到側鏈上，相關交易只需要在側鏈上執行，進而達到分擔主鏈壓力、擴充主鏈效能和功能的目的。

早期側鏈技術方案主要是針對比特幣提出的，比特幣因其技術架構造成天生擴充性不足。交易延時長、吞吐量低、不支援圖靈完備的智慧合約都是比特幣內在的設計缺陷。這些設計缺陷必須透過重構比特幣基礎框架和演算法才能解決。

比特幣是市值最大、流通性最高、認可度最廣的數位貨幣，修改其基礎架構可能會引發巨大風險。比特幣核心開發者在技術升級的態度上也比較保守，這決定了比特幣很難透過技術升級提高自身的可擴充性。

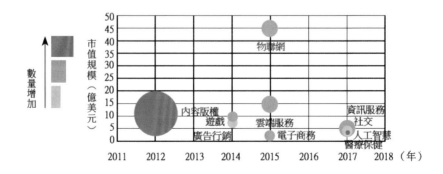

側鏈技術的基本想法是另啟動一條側鏈，將比特幣資產轉移到側鏈上，也可以反過來將側鏈上的資產轉移回比特幣。我們將比特幣在主鏈和側鏈上的資產雙向轉移的過程稱作資產的雙向錨定。

側鏈上的資產有比特幣的信用背書，價值上等同比特幣。同時，側鏈的設計架構不受比特幣網路的限制，開發者可以透過各式各樣的區塊鏈技術建構側鏈，並應用於各種場景。所以側鏈技術間接地擴充了比特幣的效能和功能。

與側鏈相比，跨鏈是一個更為廣泛的概念。跨鏈泛指兩個或者多個不同鏈上的資產和狀態，透過一個可信機制互相轉移、互相傳遞、互相交換。側鏈透過雙向錨定實現了與主鏈之間的價值轉移，側鏈的目的是擴充主鏈的功能和效能。從這個意義上來説，側鏈是跨鏈技術的一個特例。在跨鏈的場景中，鏈與鏈之間不僅僅是主側關係，也可以是對等關係。鏈上資產不僅可以雙向錨定，還能透過可變匯率互相兌換，甚至是智慧合約狀態的互動。

跨鏈的出現是區塊鏈技術演進的必然結果。區塊鏈項目在百花齊放的同時，也帶來了不同鏈的業務體系和資產價值孤島的問題，因而需要一種新的機制來打通和連接各個孤島，使得側鏈及跨鏈技術應運而生。

下面是兩個跨鏈技術的典型應用場景。

（1）水平擴容

分片是將一個區塊鏈分割成多個子鏈，每一個子鏈有獨立的帳本和共識機制。網路上的交易將分配到子鏈中執行，因此交易可以在多個子鏈上平行處理，隨著子鏈增多，區塊鏈能處理越來越多的交易，這種技術就是水平擴容。

水平擴容技術可以打破垂直擴容的限制，卻也帶來了一個新的難題：如何處理子鏈之間的交易？實施分片技術時，一定需要跨鏈技術的支援。

（2）去中心化交易所

去中心化交易所能夠為使用者提供更好的安全保障。目前的去中心化交易只能提供同一個公有鏈上的資產交易服務。例如，EtherDelta（以德交易平台）只能提供基於以太坊的以太幣與 ERC20 代幣互換。跨鏈技術可以幫助去中心化交易所打破這個限制，支援任意兩個公有鏈上的資產交易。

側鏈與跨鏈的核心技術難點

	公證人機制	區塊頭Oracle+SPV
原理	透過外部公證人（聯盟）驗證跨鏈消息的可靠性，公證人驗證通過後必須對跨鏈消息簽名	將公證人（聯盟）提供的外部區塊鏈系統的區塊頭資料儲存在自己的網路中，根據SPV機制能夠驗證交易
優勢	簡單靈活，運用範圍廣，甚至適用於銀行帳本與區塊鏈系統之間的交易驗證	公證人不直接驗證交易，作弊的成本相對較高
劣勢	· 公證人是中心化的信任機制； · 每一筆跨鏈交易都需要公證人驗證	· 需要額外的儲存空間記錄其他鏈的區塊頭數據； · 不適用於銀行帳本與區塊鏈之間的跨鏈交易
案例	瑞波（Pipple）	比特幣中繼（BTC Relay）

雖然所應用的側重點不同，但側鏈與跨鏈的技術是天然相通的，它們都需要解決鏈與鏈之間的通訊協議、資料互動、資產轉移等問題。側鏈的技術可以應用於跨鏈項目，側鏈項目也會借鑑跨鏈的成熟技術。

目前側鏈與跨鏈解決方案的技術難點主要集中在以下四個方面。

（1）跨鏈交易驗證問題

如何在鏈與鏈之間建立一個信任機制並驗證跨鏈之間的交易資料？

解決方案：公證人機制；區塊頭 Oracle（預言機）+ SPV（簡易支付驗證）。

（2）跨鏈事務管理問題

跨鏈交易包含多個子交易，這些子交易構成了一個事務。跨鏈的事務管理又分為兩個子問題。

　　①如何確定子交易是否完成確認並永不回滾？

　　解決方案：等待足夠多的確認數量；區塊糾纏；DPoS/xBFT。

　　②如何保證交易的原子性？所有子交易要嘛都成功，要嘛都失敗。

　　解決方案為雜湊時間鎖。

（3）鎖定資產管理問題

當資產跨鏈轉移時，如何管理鎖定資產？

解決方案：單一託管人；聯盟託管人；智慧合約託管。

（4）多鏈協議適配問題

當兩個以下的鏈之間實現兩兩跨鏈協議時，如何簡化跨鏈協議的適配？

解決方案為中繼鏈。

跨鏈交易驗證問題

想讓鏈與鏈之間互聯互通，首先要設計區塊鏈系統之間的信任機制，使一個區塊鏈可以接收並且驗證另一個區塊鏈上的交易。例如，比特幣網路上的一筆交易確認之後，交易內容會發送到以太坊的智慧合約裡，以太坊必須正確驗證此交易已寫入比特幣區塊，然後才能執行後續智慧合約的程式碼。

跨鏈交易驗證的本質是一個 Oracle 問題。對一個區塊鏈系統來說，跨鏈的訊息來自系統外部，本身無法直接驗證其正確性，必須要額外設計一套 Oracle 機制來輔助驗證跨鏈交易是否真實。

跨鏈事務管理

一個完整的跨鏈交易可以分割成若干個子交易，在各自所屬的區塊鏈系統中處理每個子交易。這些子交易需要當成一個整體來進行事務管理，以保證事務的一致性、原子性。

舉個例子，A 有一個比特幣，以 1：50 的兌換率交換 B 的 50 個萊特幣。A 和 B 之間互相轉帳的過程包含以下兩筆交易。

（1）在比特幣的網路中，A 獲得 B 的帳戶位址，向 B 的位址轉出 1 個比特幣。

（2）在萊特幣的網路中，B 獲得 A 的帳戶位址，向 A 的位址轉出 50 個萊特幣。

這兩筆轉帳交易分別發生在不同的區塊鏈系統中，彼此是互相獨立的原子操作。同時，它們又是同一個跨鏈交易的組成部分，構成了一個完整的事務，事務的管理需要保證兩筆交易的一致性和原子性。

設計跨鏈的事務管理機制還需要考量兩個子問題。

（1）交易的最終確定性

一個交易被確認之後依然有可能回滾，如何保證交易的最終確定性？

（2）交易的去中心化原子性

如果一筆交易成功而且滿足最終確定性，如何保證後續的子交易也一定能成功？如果其他子交易執行失敗，該如何撤回已經轉出的資金？

交易的最終確定性

在 PoW 共識演算法的區塊鏈系統中，只要有足夠大的運算能力，理論上每一筆交易都可以被復原，只是被確認的區塊越多，被復原的可能性就越小。

在跨鏈交易中，必須確定前一個交易已經完成最終確認，才能處理後續的子交易，否則會有回滾的可能。常見的方案如下。

（1）等待足夠的確認數量

最簡單的辦法就是等待足夠多的確認，直到回滾交易的可能性達到預定的臨界值之後，再執行其他子交易。顯而易見，這種方案的劣勢就是事務處理的時間會變長。

（2）區塊糾纏

區塊糾纏就是讓兩個鏈之間的區塊有依賴關係。如果一個鏈上的某個區塊被復原，那麼其他鏈上的相關區塊也會自動復原。

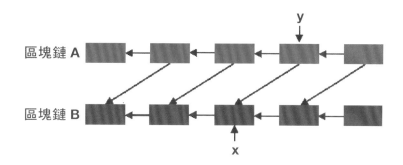

如上圖所示，區塊鏈 A 的每一個區塊引用兩個父塊，一個在區塊鏈 A 中，另一個在區塊鏈 B 中。這樣 A 中的區塊對於 B 中的區塊有依賴關係。如果子交易 x 所在的區塊被回滾，後面的子交易 y 也必須被回滾。

（3）使用 DPoS/xBFT 等共識演算法

與 PoW 共識演算法相比，DPoS/xBFT 等共識演算法更容易達成最終確定性。例如 EOS 可以在三秒內達到 100% 的最終確定性。使用這類共識演算法的區塊鏈系統能更快實現側鏈及跨鏈交易。

交易的去中心化原子性：雜湊時間鎖

傳統的事務管理協議，如 2PC（二階段提交協議）、3PC（三階段提交協議），都依賴一個中心化的事務管理者協調各個子任務的執行狀態，以保證原子性，但是這需要第三方的可信任中心，不符合去中心化的設計理念。

基於雜湊時間鎖的原子交換協議是一種去中心化的事務管理機制，可以保證多筆交易的原子性。

依然使用 A 的比特幣兌換 B 的萊特幣當作說明範例，具體應用流程如下。

（1）A 建立了一個隨機密碼 r，並且算出該密碼的雜湊值 Hash(r)。A 將這個雜湊值 Hash(r) 發給 B。

（2）B 鎖定萊特幣資產，解鎖條件：A 必須在 H 小時內出示雜湊值為 Hash(r) 的隨機密碼，否則超時後返還給 B。

（3）A 鎖定比特幣資產，解鎖條件：B 必須在 2H 小時內出示雜湊值為 Hash(r) 的隨機密碼，否則超時後返還給 A。

（4）A 在 H 小時內出示有效隨機密碼 r，成功將 B 的萊特幣轉移到自己的帳戶。伴隨此交易成功執行，隨機密碼 r 被記錄在萊特幣區塊鏈上。

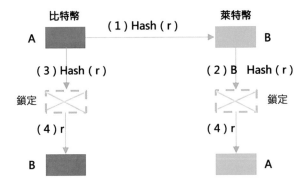

（5）B 得到隨機密碼 r，至少有 H 小時的充裕時間可以解鎖 A 的比特幣資產。

雙向錨定與鎖定資產管理

雙向錨定是主鏈與側鏈上的資產按照 1：1 的兌換比例雙向轉移的過程。例如，比特幣可以轉移成比特幣側鏈 RSK 上的等量超級比特幣，反之 RSK 上的超級比特幣也可以轉移成比特幣。

因為比特幣不能被銷毀，所以實際上，當使用者把比特幣轉移成超級比特幣的時候，比特幣資產不是被銷毀，而是轉移到一個鎖定位址上，同時在 RSK 上釋放等量的超級比特幣。反之，當超級比特幣需要轉移回比特幣時，就可以把超級比特幣發送到 RSK 上的鎖定位址，同時在比特幣的鎖定位址上釋放等量的比特幣。

雙向錨定設計方案中的關鍵難題：鎖定帳戶由誰來管理、執行鎖定和解鎖等操作？如何保證安全釋放鎖定資產，不會造成重複花費？

鎖定資產的管理有三種模式。

（1）單一託管人模式

由一個可信的單一託管人負責管理鎖定的資產，執行並監管鎖定資產的解鎖操作。具體的流程可以由託管人手動執行，也可以透過軟體協議自動執行。

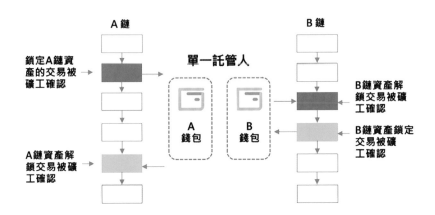

（2）聯盟託管模式

單一託管人模式雖然簡單易行，卻過於依賴中心化的託管人。

更加去中心化的實現方式是聯盟託管模式。它類似議會，總共有 N 個公證人，其中每一個公證人都有一份投票權。當接收到跨鏈的解鎖請求時，每一個公證人獨立驗證交易並投票。當投票數達到 M 時，就能處置鎖定的資產。這種驗票、驗證操作可以手動執行，也可以自動執行。

聯盟公證人管理比單一託管人管理更加合理，但是聯盟中的多個公證人依然可能互相串通，獲得足夠的控制權攻擊鎖定資產。為了保證資產安全，聯盟需要嚴格篩選公證人，儘量讓這些公證人分布在不同的司法管轄範圍和商業機構，且擁有良好的聲譽。

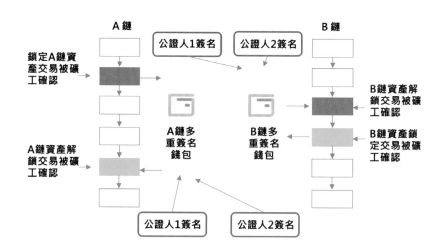

（3）智慧合約模式

為了實現進一步去中心化，鎖定資產也可以由智慧合約進行管理。實施這個方案的前提條件是該區塊鏈系統能夠支援智慧合約，並且可以儲存外部區塊鏈的區塊頭，以及驗證外部交易資料。

如上圖，A 鏈和 B 鏈分別有一個鎖定位址，這兩個鎖定帳戶中的資產分別由錨定智慧合約進行管理，而且這個智慧合約儲存了對方區塊鏈的區塊頭，能夠驗證對方鏈上的交易。假設一個使用者要把 A 鏈上的資產轉移到 B 鏈上，具體步驟如下。

① 使用者在 A 鏈上把資產轉移到特定的鎖定位址中，並且把自己在 B 鏈上的位址附加在交易中。

② 礦工確認交易後，向 B 鏈的錨定智慧合約發送 SPV 驗證。

③ B 鏈的錨定智慧合約驗證交易，並且取得使用者在 B 鏈的位址。

④ 如果交易驗證成功且滿足最終確定性要求，B 鏈的錨定智慧合約就會從鎖定位址中，轉帳對等的資產到使用者的位址。

多鏈協議適配

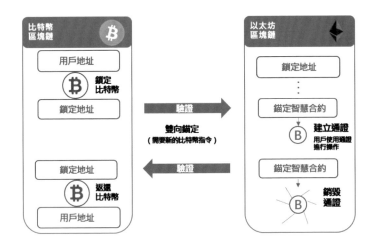

以上討論的問題都是一對一的側鏈與跨鏈問題。當更多的區塊鏈系統需要跨鏈互動時，就會出現多鏈協議適配問題。下圖一共有 N 個鏈，每兩個區塊鏈之間需要一個跨鏈協議，所以需要設計 C（N, 2）個跨鏈協議，每一個跨鏈協議要適配兩個區塊鏈系統。當 N 變得很大的時候，協議適配的工作量也會變得非常大。

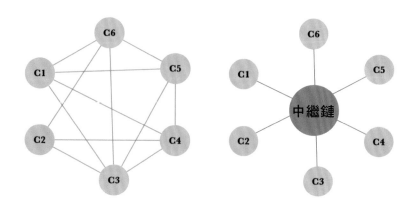

解決這個問題的辦法是，增加一個特殊的區塊鏈作為中繼鏈，它是一個樞紐，與其他區塊鏈系統互動，並居中轉發其他區塊鏈之間的跨鏈交易。採用這種架構只需要設計 N 對跨鏈協議即可，而且每一個新加的區塊鏈只需要適配中繼鏈的跨鏈協議介面，進而大大降低了協議適配的複雜度。

閃電網路

閃電網路是在 2016 年 1 月發表的白皮書「比特幣閃電網路：可擴充的鏈下即時支付」中，首次提出的新型比特幣支付解決方案，作者是比特幣核心錢包開發組的重要成員約瑟夫‧蓬和撒迪厄斯‧德里亞。閃電網路在 2017 年 12 月發布了 1.0 最終測試版本，比特幣主網成功對其進行了測試。

隨著比特幣的普及率越來越高，其自身的可擴充問題也越來越嚴重，具體表現如下：

（1）吞吐量低：平均每秒三筆交易；

（2）時延長：每 10 分鐘出 1 個區塊；

（3）最終確定慢：等 6 個確認才能視為最終確定；

（4）儲存量大：50 多萬個區塊，約 160GB 資料，而且不斷增長。

這些問題的根本原因在於每一筆交易都要廣播給所有節點，所有記帳節點必須限期儲存交易、驗證交易、傳遞交易、打包並計入帳本，這些都導致了資源的嚴重浪費。

閃電網路的概念是在比特幣之上建立一個結算層，大量的微支付交易可以在結算層處理，沒必要在比特幣網路上處理。這樣就可以減少比特幣網路的壓力，節約資源，變相擴充比特幣的處理能力，同時還能妥善地保護隱私。

閃電網路底層的關鍵技術有三個：時間鎖與雜湊鎖；RSMC（序列到期可復原合約）擴充單向支付通道技術，實現雙向支付狀態通道；當一個交易包含多個子交易時，使用 HTLC（雜湊時間鎖定合約）可以保證交易的原子性。

託管合約與解鎖條件

一般來說，被託管合約管理的資產會一直處於鎖定狀態，只有兩種方式才能將其中的資產解鎖：一是在規定時間內，合約被正確執行；二是合約逾期未執行，資產被原所有者贖回。

雜湊鎖技術用於約定誰擁有資產執行權，而時間鎖技術則用於約定贖回的時間期限。這兩種技術常在託管合約中搭配使用。

時間鎖

比特幣定義時間鎖的方式有兩種。

（1）交易裡的 nTimeLock 欄位

這個欄位用以限制一筆交易在某個時間段內不能被打包，礦工只能把它放入記憶體池中，直到指定的時間才能將此交易寫入區塊。

（2）交易輸出解鎖腳本中的操作碼 OP_CHECKLOCKTIMEVERIFY

這個操作碼用米限制一個 UTXO 在某個時間段內不能被花費，在此期間，所有花費此 UTXO 的交易能臨時儲存在記憶體池中。

從上面的定義可以看出，它們的差異是作用的物件不同，一個作用在交易上，另一個作用在 UTXO 上。

雜湊鎖

資產的執行權用一個大的隨機亂數 r 來代表，先提前計算好它的雜湊值 Hash(r)，然後在託管合約中規定：申請解鎖資產的人必須出示一個能配對雜湊值 Hash(r) 的隨機亂數，才有執行合約的權利。在比特幣中，操作符 OP_ HASH256 用於配對隨機亂數和雜湊值。因為這個解鎖條件是透過雜湊值來定義，所以稱作雜湊鎖。

RSMC：序列到期可復原合約

RSMC 技術的作用：實現了雙向支付通道，透過可復原的資產分配合約表達雙方的支付協議，而且此協議可以一直由雙方的本機儲存，不需要上鏈也能保證可信任性。大量的支付請求可以在鏈下處理，直到雙方決定最終清算的時候才需要在鏈上執行。

如下頁圖所示，假設 A 和 B 同意建立一個雙向支付通道，並共同出資存入一個託管帳戶。在以後的一段時間內，根據雙方的交易情況，雙方透過協商分配這筆資金，直到最終清算這筆託管資產。其原理如下。

（1）雙方抵押的資產存入一個多重簽名的託管帳戶，必須同時有 A 和 B 的簽名才能花費其中的資產。

（2）雙方就如何分配資產達成分配合約。每一次分配合約都由 A 和 B 各執一份，每一份都有對方的簽名。例如，A 手中的分配合約有 B 的簽名，如果 A 想按照這份合約清算託管資產，就可以隨時添加自己的簽名處置託管帳戶。

（3）每一次達成新的分配合約，舊的分配合約就會失效。失效的關鍵在於分配合約中隱含的贖回合約帶有時間鎖，在規定的時間內，清算發起人的贖回合約處於凍結狀態。例如，A 按照分配合約 1 處置了託管帳戶中的資產，B 透過監控託管帳戶及時發現 A 違背了分配合約 2 的約定，那麼 B 可以在 A 的贖回合約 1 生效之前，搶先處置資產。這樣的違約懲罰機制可以防止作廢舊合約。

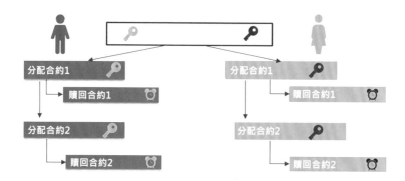

HTLC：雜湊時間鎖定合約

多個支付通道首尾相連可以組成一個支付通路，位於兩端的雙方即使沒有直接相連的支付通道，也可以完成支付交易。HTLC 技術就是協調多個支付通道並最終達成一致交易的協議。

假如 A 要支付 1 個比特幣給 C，且他們之間沒有直接相連的支付通道，但是 A 和 B 之間有一個狀態通道，B 和 C 之間也有一個狀態通道。

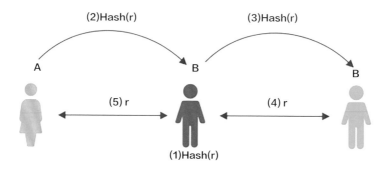

（1）A 通知 C 要向他發起支付，C 生成一個隨機密鑰 r，然後把其雜湊值 Hash(r) 發給 A。

（2）A 首先和 B 建立合約：如果 B 能出示一個配對 Hash(r) 的隨機密鑰，A 就向 B 支付 1 個比特幣。

（3）B 得到 Hash(r) 後，也和 C 建立合約：如果 C 能出示配對 Hash(r) 的隨機密鑰，B 就向 C 支付 1 個比特幣。

（4）C 向 B 出示隨機密鑰 r，獲得 1 個比特幣。

（5）B 獲得隨機密鑰 r 後，向 A 出示隨機密鑰 r，從 A 那裡獲得 1 個比特幣，最終完成支付交易。

在巧妙地運用雜湊時間鎖技術的前提下，閃電網路建立了鏈下支付通道的結算方式，然後再整合支付通道形成一個網路。只要雙方能夠在這個網路中找到一條聯通的路徑，就可以透過一系列鏈下協議完成微支付交易，進而大幅擴充了比特幣的效能。

側鏈案例：比特幣中繼

區塊鏈公司 ConsenSys 推出的比特幣中繼被認為是第一個側鏈項目。比特幣中繼是以太坊的一個智慧合約，其核心功能是能夠驗證比特幣上的交易。

中繼方：比特幣 Oracle

我在前文提到，跨鏈的交易驗證在本質上是一個跨鏈 Oracle 問題。比特幣中繼為了能驗證比特幣的交易，由中繼方扮演 Oracle 的角色，不斷向智慧

合約提出比特幣的區塊頭資料。因為區塊頭裡包含該區塊所有交易的默克爾樹之根雜湊值，比特幣中繼可以依據 SPV 機制驗證比特幣交易。

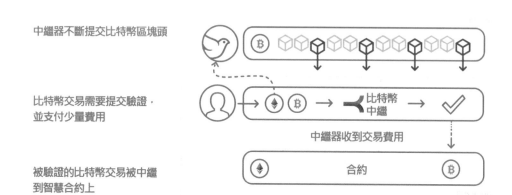

比特幣中繼的功能依賴中繼方提出正確的比特幣區塊頭資料。所以比特幣中繼設計了一個激勵機制，獎勵那些及時提出正確區塊頭資料的中繼方，並鼓勵社群中更多人成為中繼方，一方面能夠保證與比特幣網路及時同步，另一方面透過彼此競爭保證區塊頭資料的正確性。

跨鏈交易驗證流程

比特幣中繼的智慧合約有了比特幣的區塊頭資料之後，就轉變為比特幣的 SPV 輕用戶端，可以驗證所有來自比特幣的交易。

驗證的結果是判斷這筆交易是否寫入某一個比特幣區塊，以及得到了多少的確認數量。交易驗證的流程如下：

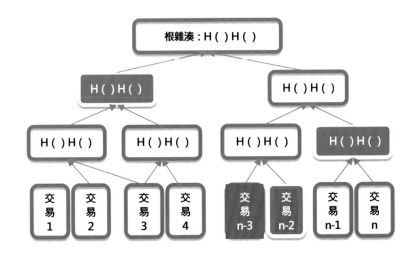

（1）使用者首先為待驗證交易構造 SPV 證明。證明如下。

① 交易資料本身及其所屬的區塊高度。

② 根據待驗證支付交易對應的默克爾樹認證路徑，取得重新計算默克爾樹的根雜湊值所需的雜湊值。

（2）使用者把 SPV 證明發送給比特幣中繼的智慧合約。

（3）比特幣中繼根據 SPV 證明重新計算默克爾樹的根雜湊值，將計算結果與本地區塊頭中的默克爾樹之根雜湊值進行比較。

（4）如果結果一致，就說明交易真實有效。根據區塊頭所處的位置，計算該交易已經得到的確認數量。

根鏈──雙向錨定的比特幣側鏈

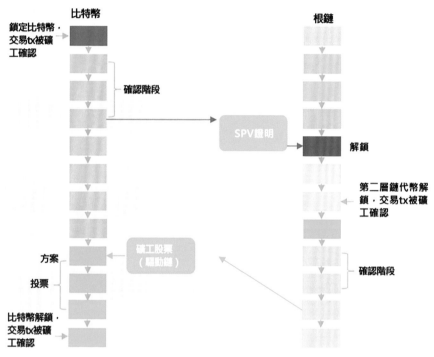

受影響區塊中的第二層鏈代幣→比特幣交換
受影響區塊中的比特幣→第二層鏈代幣交換

根鏈誕生於 2015 年，它建立在比特幣的智慧合約平台上，並透過建立一條支援智慧合約的側鏈和運用雙向錨定技術，把比特幣與側鏈上的超級比特幣等比兌換，在保證安全性的同時擴充了比特幣的功能。

根鏈的核心特點如下：

（1）圖靈完備的虛擬機（智慧合約）；

（2）比特幣與根鏈上的超級比特幣雙向錨定；

（3）動態聯合挖礦／聯邦的共識協議；

（4）高吞吐量（300TPS）、低延遲（出塊時間為平均 10 秒一個）、低交
易費。

比特幣網路與根鏈有著巨大的差異，根鏈本身也是側鏈，支援圖靈完備的智
慧合約，還能驗證比特幣的交易，但是主鏈比特幣沒有對等的功能，所以根
鏈的雙向錨定技術是不對稱的。從比特幣轉成超級比特幣的轉帳機制，與從
超級比特幣轉成比特幣的轉帳機制是不一樣的。

下圖比較了比特幣／超級比特幣在進行雙向資產轉移時，所採用的跨鏈技術。

	比特幣轉超級比特幣	超級比特幣轉比特幣
跨鏈交易驗證	區塊頭Oracel+SPV	公證人機制
交易最終確認性和原子性	等待多個交易確認	等待多個交易確認
鎖定資產管理	通過側鏈智慧合約自動解鎖超級比特幣	礦工+公證人投票解鎖比特幣

側鏈案例：LISK──基於 JavaScript 的可擴充公有鏈

LISK 成立於 2016 年，是一種基於 JavaScript 的高度可擴充公有鏈。LISK
平台可以使數百萬開發者建立自己訂製的區塊鏈，尤其是建立圍繞著客戶的
應用程式，包括遊戲、社交網路和物聯網。

LISK 的關鍵特點如下：

（1）對 JavaScript 開發者社群友善；

（2）使用 DPoS 共識演算法，共有 101 個出塊節點；

（3）可以部署任意多條側鏈，側鏈與主鏈上的資產雙向錨定。

從側鏈與跨鏈的技術角度來看，LISK 的創新性如下：

（1）採用了 DPoS 共識演算法，每一筆交易都能很快達到最終確定性，降低了跨鏈交易的延時；

（2）每一個 DApp（分散式應用）都可以部署在一個獨立的側鏈上，與其他 DApp 隔離，避免出現一個 DApp 堵塞整條鏈的情況，發揮了水平擴容的效果。

5 800 000 美元	籌資金額	18 439 086 美元
100M LISK+Forging	總量	72M ETH+Mining
8M LISK	基金會留存	12M ETH
85M LISK ICO	分配	60M ETH ICO
1年：15.7M 2年：12.6M 3年：9.4M	出礦獎勵	1年 Casper release：13M
DPos	共識機制	PoW
10 秒	出塊時間	15秒
JavaScript	程式語言	Solidity

跨鏈案例：瑞波的 **InterLedger**——跨銀行的全球清算系統

瑞波的目標是透過共識帳本技術建構一個全球支付網路，讓世界各地的銀行無須中央或代理銀行就可以直接交易，進而使世界上的不同貨幣（包括法定貨幣和虛擬貨幣）自由、近乎免費、零延時地進行匯兌。

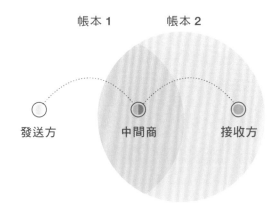

瑞波的最底層是一個共識帳本，共識演算法名為「瑞波共識協議」，它屬於一種聯盟鏈的共識演算法。瑞波還定義了 InterLedger（ILP）跨帳本交易協議。此協議讓瑞波帳本既可以連接其他區塊鏈系統，也可以連接銀行、行動支付、自動清算、P2P 支付等金融機構。所以，瑞波不是一個孤立的帳本體系，而是一個透過 InterLedger 跨帳本交易協議與許多大型金融機構互聯互通的帳本體系。

InterLedger 跨帳本交易協議透過公證人機制，建立銀行帳戶與瑞波帳本的雙向映射關係。在銀行間的匯兌過程中，它利用這個雙向錨定機制，把發起

者、流動性提供者，接收者的資金託管帳戶都映射到瑞波帳本上，讓託管帳戶的行為透明化，同時採用雜湊時間鎖定協議，保證關聯轉帳交易的原子性，最終實現去信任、高效的銀行匯兌。

跨境匯款案例分析

假設在美國的 A 公司需要向在歐元區的 B 公司支付 100 歐元。A 公司在美國有美元帳戶，B 公司在歐元區有歐元帳戶，流動性提供者同時在美元銀行和歐元銀行開設帳戶，並且在歐元帳戶持有頭寸。美元銀行和歐元銀行之間的跨境匯款使用瑞波的 InterLedger 跨帳本交易協議完成最終的清算。

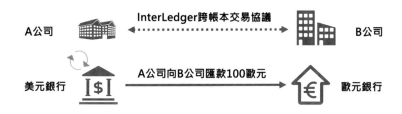

整個匯款過程涉及三個帳本和四個參與方。三個帳本分別是美元銀行帳本、歐元銀行帳本、InterLedger 帳本。四個參與方分別是付款方 A 公司、收款方 B 公司、流動性提供者 C 和瑞波資金託管者。

A 公司有美元帳戶，B 公司有歐元帳戶。流動性提供者 C 有美元帳戶和歐元帳戶，同時也在 InterLedger 帳本中有美元 / 歐元帳戶。銀行帳戶與 InterLedger 帳戶雙向映射。瑞波資金託管者在美元銀行和歐元銀行分別開設獨立託管帳戶，這兩個託管帳戶與 InterLedger 帳本中的託管（Hold）帳戶雙向映射，最後資金由瑞波網路負責清算。

匯款流程詳解

（1）匯款前準備：流動性提供者 C 預存準備金

在交易發起之前，流動性提供者 C 在歐元銀行中存入 1,000 歐元，再將其全部轉入瑞波獨立託管帳戶，用於這筆交易的流動性支出，並且將美元／歐元匯率報價提供給外匯交易市場。瑞波將獨立託管帳戶的存款同步到流動性提供者 C 在瑞波帳本中的歐元帳戶。此時各個帳戶的狀態如下圖所示。

（2）付款方 A 公司詢價

A 公司在外匯報價市場中，選擇匯率最低的流動性提供者 C，確認匯率為 1 歐元兌 1.25 美元，所以 A 公司要付款 125 美元。A 公司取得 B 公司的歐元收款帳戶訊息，然後將收款人的銀行帳戶和轉帳金額等訊息打包，並廣播到瑞波網路中。

美元銀行帳本	
帳戶	餘額
A公司	$125
流動性提供者C	/
瑞波獨立託管帳戶	/

歐元銀行帳本	
帳戶	餘額
B公司	€ 0
流動性提供者C	€ 0
瑞波獨立託管帳戶	€ 1 000

瑞波網路上的InterLedger帳本	
帳戶	餘額
美元銀行（Hold）	/
流動性提供者C	/

瑞波網路上的InterLedger帳本	
帳戶	餘額
歐元銀行（Hold）	/
流動性提供者C	€ 1 000

（3）A 公司支付美元

美元銀行將 A 公司帳戶的 125 美元轉到瑞波獨立託管帳戶，帳戶餘額的變動映射到瑞波網路帳本的託管帳戶中，美元銀行（Hold）帳戶餘額更新為 125 美元，轉帳證明發送給驗證人，證明來自美元銀行（Hold）帳戶的資金已經到帳。此時各個帳戶的狀態如下圖所示。

美元銀行帳本	
帳戶	餘額
A公司	$0
流動性提供者C	/
瑞波獨立託管帳戶	$125

歐元銀行帳本	
帳戶	餘額
B公司	€ 0
流動性提供者C	€ 0
瑞波獨立託管帳戶	€ 1 000

瑞波網路上的InterLedger帳本	
帳戶	餘額
美元銀行（Hold）	$125
流動性提供者C	/

瑞波網路上的InterLedger帳本	
帳戶	餘額
歐元銀行（Hold）	/
流動性提供者C	€ 1 000

（4）從流動性提供者 C 的歐元帳戶計提歐元

在 InterLedger 帳本中，流動性提供者 C 的歐元帳戶被轉出 100 歐元到歐元銀行（Hold）帳戶，並將轉帳證明發送給驗證人，證明來自歐元銀行（Hold）帳戶的資金已經到帳。此時各個帳戶的狀態如下圖所示。

美元銀行帳本	
帳戶	餘額
A公司	$0
流動性提供者C	/
瑞波獨立託管帳戶	$125

歐元銀行帳本	
帳戶	餘額
B公司	€ 0
流動性提供者C	€ 0
瑞波獨立託管帳戶	€ 1 000

瑞波網路上的InterLedger帳本	
帳戶	餘額
美元銀行（Hold）	$125
流動性提供者C	/

瑞波網路上的InterLedger帳本	
帳戶	餘額
歐元銀行（Hold）	€ 100
流動性提供者C	€ 900

（5）資金清算

驗證人收到兩個轉帳證明且驗證過後，開始觸發瑞波網路在 InterLedger 帳本上進行資金清算。透過雜湊時間鎖定原子交易協議，同時釋放美元銀行（Hold）帳戶資金與歐元銀行（Hold）帳戶資金。由於雙向錨定機制，把 InterLedger 帳本上的轉帳分別同步到美元銀行帳本和歐元銀行帳本。

最終 A 公司的 125 美元支付給了流動性提供者 C，流動性提供者 C 把 100 歐元支付給了 B 公司，流動性提供者 C 居中提供了匯兌服務，整個匯款過程完成。最終各個帳戶的狀態如下圖所示。

美元銀行帳本	
帳戶	餘額
A公司	$0
流動性提供者C	$125
瑞波獨立託管帳戶	/

歐元銀行帳本	
帳戶	餘額
B公司	€ 100
流動性提供者C	€ 0
瑞波獨立託管帳戶	€ 900

瑞波網路上的InterLedger帳本	
帳戶	餘額
美元銀行（Hold）	$0
流動性提供者C	$125

瑞波網路上的InterLedger帳本	
帳戶	餘額
歐元銀行（Hold）	€ 0
流動性提供者C	€ 900

InterLedger 跨帳交易協議使兩個不同的記帳系統可以透過流動性提供者自由兌換貨幣。記帳系統無須信任第三方流動性提供者。該協議採用公證人機制，將銀行資金轉帳映射到 InterLedger 帳本上，再利用區塊鏈的公開性、透明性、可編程性實現跨銀行的清算，大大提高了跨境轉帳的效率和安全性。

跨鏈案例：波卡鏈──創新的平行鏈和多鏈橋接技術

波卡鏈的願景是解決異構多鏈互聯互通的問題，支援眾多高度差異化的共識系統在完全去中心化的網路中互動操作，允許去信任地互相訪問各區塊鏈，同時向後相容一個或多個現有的網路，例如以太坊等。

在異構多鏈架構裡，波卡鏈的定位是一條中繼鏈，作為跨鏈通訊的樞紐連接其他鏈，其本身不關注區塊鏈平台上應用的豐富性，只盡可能提供最少功能。它提供一套通用的跨鏈協議，其他相容此協議的區塊鏈系統都可以透過波卡鏈互聯互通。

為了支撐中繼鏈的功能，波卡鏈有以下技術特點。

激勵和監督的機制─網路中的基本角色劃分為四種，其中驗證人需要鎖定押金才能取得記帳權，用於懲罰將來的不當行為。驗證人參與記帳共識，並且驗證平行鏈上的資料；提名人為驗證人提供押金和信用背書；收集人採集平行鏈上的資料並且提供給驗證人；釣魚人為賞金獵人，監督其他參與者的惡意企圖。

演算法：採用基於 PoS 的共識演算法，系統內有 144 個驗證人，出 1 個區塊的時間為 4 秒，達到最終確定性需要 1 個小時（900 個區塊）。

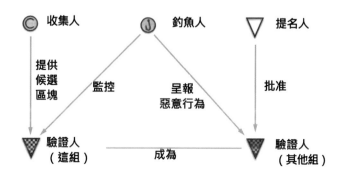

智慧合約：內建一些特定的系統合約，包括共識合約、驗證人合約、平行鏈合約，不支援公開部署合約。

平行鏈的註冊：簡單的類資料庫結構，管理平行鏈的靜態訊息和動態訊息。

平行鏈的驗證：建立了驗證平行鏈資料的共識機制。

跨鏈交易路由：提供一個無須任何信任人的跨鏈訊息路由機。

手續費：使用通用的手續費標準，沒有資源計數器。

波卡鏈到以太坊的跨鏈機制

以下將以波卡鏈與以太坊的雙向跨鏈通訊為例，闡述跨鏈通訊的機制設計。

以太坊是訊息的接收者，需要驗證轉發自波卡鏈的跨鏈訊息。前文中提到，跨鏈驗證模式有公證人聯盟模式和區塊頭 Oracle+SPV 模式。

由於波卡鏈的出塊頻率比較高，且第二種模式需要以太坊儲存大量區塊頭資料，因此以太坊採用了第一種模式。讓驗證人先簽名，然後再轉發給以太坊，在那裡透過合約來解釋和執行。

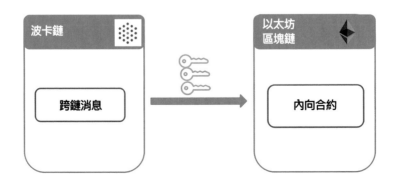

波卡鏈由 144 個公證人組成聯盟。依據拜占庭容錯演算法，每個跨鏈訊息需要 97 個公證人簽名。

以太坊需要部署一個內向合約和維護 144 個簽名，驗證來自波卡鏈的跨鏈訊息。

一個跨鏈訊息首先由波卡鏈驗證人在本機驗證，通過驗證且在一個小時內沒有被撤回，就會完成最終確認簽名，收齊 97 個簽名之後，由驗證人發送到以太坊的內向合約。內向合約驗證所有簽名後，即認為跨鏈驗證通過。

以太坊到波卡鏈的跨鏈機制

波卡鏈採用區塊頭Oracle+SPV模式，接收並且驗證來自以太坊的跨鏈訊息。

波卡鏈提供一個接收以太坊新區塊頭的介面，以通證鼓勵第三方參與者提出以太坊的新區塊頭，同時要求參與者提供押金。一旦釣魚人發現參與者作弊，就扣除押金當作懲罰。以此獎懲機制建立去中心化的區塊頭 Oracle。另外，波卡鏈需要部署一個中繼合約，根據已知的區塊頭驗證來自以太坊的SPV 證明。

以太坊需要部署外向合約，把待轉發的訊息輸出到以太坊日誌，日誌可以透過 SPV 的方式驗證。

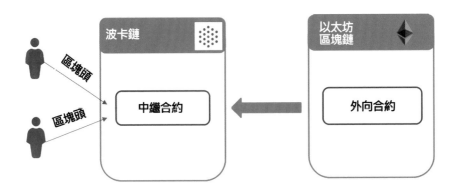

跨鏈通訊流程如下：待轉發的訊息透過外向合約輸出到以太坊日誌；生成日誌的 SPV 證明，並且發送至波卡鏈的中繼合約；如果中繼合約的驗證通過，而且此日誌已經累積了 120 個確認，就完成最終確認。

結語

以比特幣、以太坊為代表的公有鏈項目已經向我們展示了區塊鏈的巨大發展前景，但是由於區塊鏈本身的技術特點，單鏈解決方案受到去中心化、安全性、可擴充性等不可能三角的約束，在可擴充性上一直缺少革命性的突破。

側鏈及跨鏈方案帶來新的解決方式。

使用資產雙向錨定、單一資產跨鏈能夠擴充應用場景。透過雙向錨定技術，可以把一條鏈上的資產轉移到其他鏈上。借助新的區塊鏈系統，能大幅擴充原有資產的技術特性和應用場景，不但可以分擔主鏈上的交易，節約主鏈的儲存、計算、網路等資源，避免主鏈上的交易壅塞，而且不會損害原有代幣的價值。

同構跨鏈，水平擴容。側鏈及跨鏈技術也為實現水平擴容解決方案提供了可能性。分片技術將一個主鏈分成若干個同構的子鏈。每一條子鏈的功能和效能都是類似的。使用者的資產選擇其中一些子鏈管理，透過跨鏈技術，這些資產可以在子鏈之間轉移和互動。系統的交易能在多個子鏈上平行處理，達到水平擴容的效果。另外，DApp 也可以部署在自己專屬的子鏈上，和其他子鏈上的 DApp 隔離。在提高效能的同時，也提高了安全性：不受其他子鏈上的 DApp 影響。

異構跨鏈，建構多鏈資產的去中心化交易。去中心化交易所是異構跨鏈技術的主要應用領域。長期以來，去中心化交易一直受跨鏈技術的制約，目前的去中心化交易只能提供同一個公有鏈上的資產交易服務。未來，跨鏈技術可以幫助去中心化交易所突破這個限制，支援任意兩個公有鏈上資產的交易。

側鏈及跨鏈技術的興起，為突破單鏈可擴充性的限制帶來了希望，但是目前的側鏈及跨鏈技術還有不少開放式的問題沒有得到徹底解決，隨著更多區塊鏈開發者在這個領域的探索和實驗投入，側鏈及跨鏈技術有望在近兩年取得重大的突破。

 參考文獻

第 1 章 概念篇

1. 德勤中國 . 金融創新：企業、監管與市場的挑戰〔M〕. 上海：上海交通大學出版社，2014

2. 德勤中國 . 金融創新：企業、監管與市場的挑戰〔M〕. 上海：上海交通大學出版社，2014

3. 成長教練昕霏 . token 不是代幣，是通證〔EB/OL〕.（2018-08-29）. https://www.jianshu.com/p/8f7ac326f2c6

第 2 章 理論篇

1. 謝芳 . 智慧財產權交易的經濟理論溯源〔J〕. 科技促進發展，2017（12）：1-5

2. 韓繼坤 . 技術創新、制度創新與科技園區發展研究〔D〕. 武漢：華中科技大學，2007

3. 劉偉，李風聖 . 產權範疇的理論分歧及其對中國改革的特殊意義〔J〕. 經濟研究，1997（1）：1-9

4. 胡樂明 . 真實世界的經濟學：新制度經濟學縱覽〔M〕. 北京：當代中國出版社，2002：附錄

5. 楊斯淇．淺析新制度經濟學及其發展〔J〕．經營者，2017（3）：1

6. 楊斯淇．淺析新制度經濟學及其發展〔J〕．經營者，2017（3）：1

7. 張福軍．關於中國馬克思制度變遷理論研究的述評〔J〕．山東社會科學，2008（1）：105-108

第 3 章 技術篇

1. 中本聰．創造比特幣的動機、原因是什麼？〔EB/OL〕．（2016-10-23）．http://www.wanbizu.com/baike/201610237669.html

2. 中本聰．比特幣白皮書：一種點對點的電子現金系統〔EB/OL〕．https://www.8btc.com/wiki/bitcoin-a-peer-to-peer-electronic-cash-system

3. MRIVANDU．區塊鏈核心概念註解〔EB/OL〕．（2018-03-08）．https://blog.csdn.net/solaraceboy/article/details/79485820

4. 江海濤，卜國祥．「虛擬貨幣」的風險剖析〔J〕．中國金融電腦，2014（7）：79-81

5. 於旭，梅文．物聯網訊息安全〔M〕．西安：西安電子科技大學出版社，2014

6. 袁方，王兵，李繼民．電腦導論〔M〕．北京：清華大學出版社，2014

7. 企鵝號 – 盤界和幣圈．區塊鏈的發展歷史〔EB/OL〕．（2018-06-12）https://cloud.tencent.com/developer/news/241165

8. 鏈聞．比特幣先驅人物誌：戴偉 Wei Dai〔EB/OL〕．（2018-01-22）https://www.sohu.com/a/218196892_100105055

9. 王秀芬．對等網路分散式儲存系統的研究〔D〕．天津：天津大學，2010

第 4 章　設計篇

1. 央視財經．大佬們爭相入局！100W 年薪招攬區塊鏈技術人才〔EB/OL〕.（2018-06-15）. http://www.sohu.com/a/235877707_505800

2. 央視財經．大佬們爭相入局！100W 年薪招攬區塊鏈技術人才〔EB/OL〕.（2018-06-15）http://www.sohu.com/a/235877707_505800

3. 成長教練昕霏．token 不是代幣，是通證〔EB/OL〕.（2018-08-29）https://www.jianshu.com/p/8f7ac326f2c6

4. 億歐，鄒傳偉．哈佛梅森學者鄒傳偉：我們對區塊鏈共識和信任的三個誤解〔EB/OL〕.（2018-03-03）. https://www.iyiou.com/p/67189.html

5. 億歐，鄒傳偉．哈佛梅森學者鄒傳偉：我們對區塊鏈共識和信任的三個誤解〔EB/OL〕.（2018-03-03）. https://www.iyiou.com/p/67189.html

6. 謝平，鄒傳偉，瀏海二．網際網路金融手冊〔M〕．北京：中國人民大學出版社，2014

第 5 章　未來篇

1. 深圳大學．訊息化建設－新技術〔EB/OL〕.（2016-07-01）http://www.doc88.com/p7837719901213.html

2. 李揚，王國剛．華爾街的墮落：美國公司財務造假大案剖析〔M〕．北京：社會科學文獻出版社，2003

3. 億歐，鄒傳偉. 哈佛梅森學者鄒傳偉：我們對區塊鏈共識和信任的三個誤解〔EB/OL〕.（2018-03-03）. https://www.iyiou.com/p/67189.html

4. 曹曉冬. 企業併購理論及其效應分析〔D〕. 上海：復旦大學，2004

5. 億歐，鄒傳偉. 哈佛梅森學者鄒傳偉：我們對區塊鏈共識和信任的三個誤解〔EB/OL〕.（2018-03-03）. https://www.iyiou.com/p/67189.html

6. 成長教練昕霏. token 不是代幣，是通證〔EB/OL〕.（2018-08-29）. https://www.jianshu.com/p/8f7ac326f2c6

7. 郭旻. 布局 26 年愛沙尼亞數位化遠超中國 我們為什麼落後？〔EB/OL〕.（2017-10-17）. https://www.jinse.com/news/blockchain/80613.html

8. 郭旻. 布局 26 年愛沙尼亞數位化遠超中國 我們為什麼落後？〔EB/OL〕.（2017-10-17）. https://www.jinse.com/news/blockchain/80613.html

9. 逃離説美食. 在利用區塊鏈推進國家治理方面，也許很少有人知道〔EB/OL〕.（2017-05-07）.
http://html2.qktoutiao.com/detail/2018/05/07/26461070.html

10. 經理人分享百科. 個體行為〔EB/OL〕.
http://www.managershare.com/wiki/個體行為

11. 零識區塊鏈. 通證（token）經濟的奧秘〔EB/OL〕.（2018-04-20）. https://www.chainnews.com/articles/957988216532.htm

12. 何中華. 儒家與自由主義：人性論分野及其歷史文化後果〔J〕. 文史哲，2016（1）：49-58

13. EGONetworks. 哈佛梅森學者鄒傳偉：泡沫與機遇—數位加密貨幣和區塊鏈金融九問〔EB/OL〕.（2018-02-01）.
https://www.sohu.com/a/220340768_256833

14. EGONetworks. 哈佛梅森學者鄒傳偉：泡沫與機遇—數位加密貨幣和區塊鏈金融九問〔EB/OL〕.（2018-02-01）.
https://www.sohu.com/a/220340768_256833

15. 宋濤. 政治經濟學教學 資本主義部分〔M〕. 北京：中國人民大學出版社，2013

16. 成保良，楊志，邱海平.「資本論」的範疇和原理：問題解答〔M〕. 北京：經濟科學出版社，2000

17. CAM 中企矩陣. AI 改變了生產力，看區塊鏈如何改變生產關係？〔EB/OL〕.（2018-08-17）.
https://blog.csdn.net/weixin_42673075/article/details/81776935

圖解區塊鏈 2｜通證經濟

作　　　者：徐明星 / 李霽月 / 王沫凝
譯　　　者：吳嘉芳
企劃編輯：莊吳行世
文字編輯：王雅雯
設計裝幀：張寶莉
發 行 人：廖文良

發 行 所：碁峰資訊股份有限公司
地　　　址：台北市南港區三重路 66 號 7 樓之 6
電　　　話：(02)2788-2408
傳　　　真：(02)8192-4433
網　　　站：www.gotop.com.tw
書　　　號：ACD021000
版　　　次：2020 年 08 月初版
建議售價：NT$450

國家圖書館出版品預行編目資料

圖解區塊鏈 2：通證經濟 / 徐明星, 李霽月, 王沫凝原著；吳嘉芳譯. -- 初版. -- 臺北市：碁峰資訊, 2020.08
　　面；　　公分
　　ISBN 978-986-502-563-2(平裝)
　1.金融管理　2.金融自動化
561.029　　　　　　　　　　　　　　　　　　109010129

讀者服務
● 感謝您購買碁峰圖書，如果您對本書的內容或表達上有不清楚的地方或其他建議，請至碁峰網站：「聯絡我們」\「圖書問題」留下您所購買之書籍及問題。(請註明購買書籍之書號及書名，以及問題頁數，以便能儘快為您處理)
http://www.gotop.com.tw

● 售後服務僅限書籍本身內容，若是軟、硬體問題，請您直接與軟體廠商聯絡。

● 若於購買書籍後發現有破損、缺頁、裝訂錯誤之問題，請直接將書寄回更換，並註明您的姓名、連絡電話及地址，將有專人與您連絡補寄商品。